LOCUS

Série dirigée

par

Frédéric Martinez

Masdar

La mue du monde

Mathieu Terence

Masdar

La mue du monde

LES BELLES LETTRES

2014

www.lesbelleslettres.com

Retrouvez Les Belles Lettres sur Facebook et Twitter.

© 2014, Société d'édition Les Belles Lettres,
95, boulevard Raspail, 75006 Paris.

ISBN : 978-2-251-44485-7

À Anne Dufourmantelle.

« Le monde dominé par ses fantasmagories, c'est – pour nous servir de l'expression de Baudelaire – la modernité. »

Walter BENJAMIN.

Grand Ensemble

I

En ce début de XXIe siècle, le genre humain connaît un moment de son évolution qui correspond à une mutation de son espèce. On pourrait appeler Technosmose cette période de mue du monde.

La Technosmose est l'époque où s'accomplit la symbiose entre la Technique et le vivant. Elle s'est manifestée au XXe siècle, après trois siècles d'essor scientifique, quand le genre humain a commencé d'acquérir la maîtrise de l'atome et du gène.

La pensée de la mue du monde revêt le caractère d'une enquête sur l'aube d'un autre Âge. Elle couvre des domaines plus métaphysique, zoologique, biologique que culturel, historique ou politique. Non pas que ces registres classiques d'analyse soient inutiles mais, en l'occurrence, ils rendent compte d'un champ si réduit de la réalité qu'il peut en être trompeur.

Enquêter sur la Technosmose consiste à la considérer comme un événement et une énigme. Rassembler toutes les informations à son sujet. Les exploiter en spéculant sur leurs significations et sur ce qu'elles induisent. Observer, contempler le monde, pour rechercher d'autres indices la corroborant dans divers domaines de l'activité humaine. Procéder à la synthèse logique de l'ensemble de ces paramètres pour en déduire les contours et la portée.

Rationalisation, technicisation, occidentalisation, libéralisation, individualisation, standardisation, mondialisation, globalisation, homogénéisation, uniformisation, indifférenciation sont les pistes à suivre sur le chemin de la Technosmose, en ce qui concerne le genre humain en particulier. En recueillant les indices qui témoignent de son processus d'élaboration, on peut déchiffrer le visage qu'elle confère au monde. Et émettre une hypothèse quant à sa portée sur le genre humain : unification, hybridation et ensuite… spiritualisation ?

J'ai devant moi quelques semaines de travaux préparatoires qui vont consister à articuler entre eux les indices que je rassemble depuis des années afin de situer précisément la nouvelle phase de mon enquête sur la Technosmose.

Sherlock Holmes éducateur : « Quand vous avez éliminé tous les impossibles, la solution du problème réside dans l'improbable qui demeure. »

II

Qu'il s'agisse des villes momifiées des civilisations disparues ou des cités fractales de notre époque, c'est à ses constructions que le genre humain associe ses valeurs les plus significatives. La mue du monde se produit sur différents plans de façon plus ou moins synchrone depuis la Renaissance. Parce qu'en architecture l'esprit des temps se révèle en trois dimensions, l'urbanisme est le champ d'investigation idéal pour trouver des indices concluants au sujet de la Technosmose.

Le phénomène urbain emblématique de la Technosmose, telle que nous la vivons en sa phase liminaire, pourrait bien être celui des mégapoles reliées entre elles par des réseaux économiques et informatiques de plus en plus serrés. Elles forment un « grand ensemble » dont la logique de déploiement après avoir été apparemment politique puis économique confine au biologique. Une espèce d'*organiconurbation*.

Mon premier mouvement pour poursuivre mon enquête serait de me rendre dans l'une de ces mégapoles. Mais je dois auparavant m'assurer qu'il ne s'agit pas là d'une fausse piste. Derrière une bonne idée se cache une meilleure idée.

Le déploiement du Grand Ensemble planétaire s'apparente à celui d'une peau. On dit bien « tissu urbain ». Alors l'expression « mue du monde » prend tout son sens.

Rassembler mes considérations sur la mue du monde. En retirer des intuitions ressortissant à son urbanisme. Déduire de celles-ci la ville la plus emblématique de cette mutation. Se rendre sur place pour recueillir d'autres indices et pour compléter ou modifier mes hypothèses au sujet de la Technosmose.

Le voyage comme expérimentation de l'époque.
Je me souviens du trajet en taxi de l'aéroport de São Paulo jusqu'au secteur des hôtels. Sensation de flux sanguin de la « circulation » routière. Le bolide qui file, sur « l'artère » centrale, pareil à un globule rouge dans sa séquence d'hématies. Première prise de conscience de l'organisme du Grand Ensemble planétaire en train de se constituer.
Un autre souvenir déterminant. Sur les hauteurs de Lagos. Point de vue semblable à celui qu'offrent les lacets de Mulholland Drive sur Los Angeles. La mégapole comme un immense logiciel clignotant à perte de vue. Et soudain black-out. Coupure d'électricité dans un district pauvre. Un grand rectangle parfait entièrement opaque. Un million de personnes plongées dans les ténèbres pendant trois heures avant qu'un autre quartier misérable s'éteigne à son tour pour des raisons d'économie d'énergie dans le premier pays producteur d'uranium d'Afrique.

La prise de conscience de l'événement de la Technosmose est pareille à une initiation. Épreuve et délivrance. Passage à une autre station de mon existence, tout comme le vivant accède à une nouvelle phase de son expression.

III

En 2025, l'Asie pourrait compter dix ou onze conurbations de plus de vingt-cinq millions d'habitants. Le complexe de Mexico englobera les quarante millions d'habitants de Cuernavaca, Puebla, Pachuca, Querétaro sur cinq cents kilomètres carrés. Lagos agglomère vingt-trois millions d'habitants et un réseau de trois cents villes de plus de cent mille habitants se constitue le long du golfe de Guinée. New York et Philadelphie se fondent en un même complexe. Il faut sept heures de voiture pour traverser Los Angeles du sud au nord et quatre heures d'est en ouest.

Dans le même temps, un projet d'avion civil supersonique est à l'étude dans les laboratoires de Boeing et d'Airbus. On y travaille sur un carburant élaboré à base d'algues. New York-Pékin – tel est le nouveau fuseau horaire de référence semble-t-il – serait effectué en deux heures.

Les mégapoles sont plus connectées entre elles qu'avec leurs territoires. Deux villes du même pays sont plus « éloignées » l'une de
l'autre que deux conurbations de continents différents.

La présence saturante du monde entier en chacun de ses points, le
nihilisme partout à l'œuvre dans ce que l'homme déploie comme énergie
pour se survivre, procurent la sensation d'un étouffement spirituel et
d'une faim d'inéluctable. Pour lui échapper et se donner l'impression
d'une dernière marge de manœuvre, toutes sortes de substances sont
employées sur les cinq continents. Mais les drogues – ou les médicaments – ne sont plus les sésames d'un monde à nouveau grand ouvert,
d'un nirvana spacieux et indolore, elles sont un moyen puéril d'éprouver
son libre arbitre et de jouer avec une loi, celle de l'interdiction légale, celle
de la consommation à travers l'offre qui peut venir à manquer, celle du
père qui sera convoqué sous la forme d'un policier ou d'un ambulancier.
Qui va m'arrêter de-me-soigner-de-me-tuer ? En un temps où le genre
humain a promulgué tous ses droits, il n'est plus de loi à transgresser
sinon celle, archaïque entre toutes, de rester en vie.

La conurbanisation du monde donne lieu à un Grand Ensemble
qui se déploie par fronces ou par enclaves, contractées selon l'espace
– et donc selon l'argent – à disposition. Cette expansion par lobes
ou circonvolutions n'est pas sans rappeler le mode de croissance des
méninges. Centres névralgiques.

La ruche, la fourmilière, la termitière sont des métaphores transitoires
évoquant un système mécanique, moins efficientes que celles relevant

du domaine organique. Elles donnent cependant à entendre la part de déshumanisation que vit l'habitant de la mégapole globale. Mais cette phase insectoïde est une étape avant celle, celluloïde, que lui assure la Technosmose dans le métabolisme biotechnologique qu'elle élabore.

J'avais noté que Michel Lussault, dans son grand livre *L'Avènement du Monde*, considère la conurbanisation planétaire que j'entrevois comme le nouveau *genre* du monde. Le monde actuel est « de genre urbain ».

L'agglomération urbaine à l'époque de la Technosmose est une sorte de coagulation. Mobilité et connectivité de l'individu se conjuguent. Ici on peut aussi songer aux « rhizomes » de Deleuze, au « viral » de Baudrillard et à l'« immunologie comme éthique » de Sloterdijk.

La Technique *immédiatrice* et la croissance démographique accentuent une sorte de promiscuité planétaire. Du fait du progrès, on vit moins sur terre que les uns sur les autres. Le racisme, le « choc des civilisations », c'est aussi l'instauration ou le fantasme de différences là où sont abolies les distances.

Avec l'uniformisation, les nuances s'estompent. Demeurent, et s'exacerbent avant de disparaître, les antagonismes les plus grossiers (exemple : croyants/athées).

La planète comportera d'ici à la fin du XXIe siècle huit, puis neuf milliards d'individus. Il y avait 170 millions de terriens en l'an un,

300 millions en l'an mille, un milliard en 1815. Comment ne pas imaginer que cet essor exponentiel et fulgurant n'influe pas sur la façon dont le genre humain se représente le monde en général, et sur la conscience qui peut être la sienne de la vie individuelle en particulier ?

Il y avait dans les films catastrophes des années 1970 le fantasme (la séduction) du cataclysme. Il y a aujourd'hui dans les films de science-fiction le lapsus (le désir refoulé) d'une extinction. En ce sens le binôme Wachowski est génial quand James Cameron n'est qu'un Cecil B. DeMille *design*. *Matrix* a pris la mesure de ce dans quoi nous sommes passés (situation nouvelle et vêtements classiques) quand *Avatar* fédère en rassurant (situation classique et vêtements nouveaux). La science-fiction est *pressentimentale*. La créature cyborg *Alien* de Ridley Scott étant, autre exemple, *la* figure du croisement technique-organique.

IV

Sur les trente-trois mégapoles prévues en 2015, vingt-sept appartiendront aux pays les moins développés. Tokyo sera la seule ville riche à figurer parmi les dix plus grandes cités du monde. Dans un contexte pareil, le modèle de la ville européenne, conçue comme une agglomération qui rassemble et intègre les individus est en voie de marginalisation. Vieux monde.

L'individu aima la ville parce qu'en le libérant de la nature, des hommes et des choses, elle a grandi en lui la part de la conscience singulière et l'Idée. À présent, la mégapole induit une conscience globalisée, planétaire, dépersonnalisée.

Parmi les phénomènes capitaux de la mue que connaît le monde depuis le début du XXe siècle, on trouve l'exode rural. À la fin du XIXe siècle, 80 % de la population mondiale était rurale ; 30 % aujourd'hui. On aura vu s'achever en quarante ans une période qui s'étend jusqu'au néolithique. Trente mille ans s'effacent. La « campagne » est devenue un désert, une zone touristique, un laboratoire, ou l'un des secteurs du complexe agroalimentaire.

Dans sa catégorisation, Auguste Comte définit trois classes d'animaux. D'une part ceux néfastes à l'homme, d'autre part les sociables, et la classe médiane : les animaux utilisés pour nourrir l'homme à grande échelle. Il les appelle des laboratoires nutritifs. On peut considérer que c'est toute la « nature » qui, au XXe siècle, est devenue un laboratoire nutritif ou énergétique, quand les villes, elles, sont devenues des laboratoires d'uniformisation.

Plus que la lutte des classes, c'est l'opposition ville/campagne, société industrielle/société paysanne, qui fut la plus profonde après guerre.

D'autres transformations d'ordre anthropologique caractérisent le milieu du XXe siècle. L'espérance de vie a triplé en cent ans, le confort s'est généralisé, la douleur physique est exceptionnelle, les familles ont changé de visage, la religion de statut et la femme de rôle en Occident. Sans parler des mœurs dont on souligne le « progrès » mais qui relèvent plutôt de la mise sous séquestre du symbolique et de l'imaginaire par la déesse Société.

Quatre révolutions techniques ont eu lieu à partir du milieu du XXe siècle. L'informatique dans les années 1960, les télécommunications dans les années 1970, le microprocesseur dans les années 1980, Internet dans les années 1990. Un saut qualitatif a eu lieu que couronne aujourd'hui l'avènement de la biomécanique. Hautes marches.

En cent ans, la connaissance scientifique a fait plus d'avancées qu'elle n'en avait fait en deux mille ans.

Le travail salarié féminin et la démographie ont contribué au changement de paradigme que l'unification du monde contemporain caractérise. On peut aussi noter que la mécanisation du travail, son automatisation, au lieu de le rendre plus léger, l'ont rendu nerveusement usant. Si l'on n'y meurt pas de silicose, on se suicide plus à France Télécom qu'à la mine.

La « banlieue » aura duré quarante ans. Elle est déjà obsolète dans les projets de conurbation – voir le Grand Paris. De ce fait, elle a déjà son folklore.

Le choc fondamental ne se situe pas entre « civilisations », mais entre Éros et Technique.

Il ne s'agit pas de l'affrontement de forces opposées mais plutôt d'une subduction, voire d'une synergie. Par « Éros », il faut entendre ici la force du vivant qui se déploie. Alors qu'il est de coutume de tenir compte de l'influence de la Technique sur l'Éros, il est plus efficient d'envisager le rapport inverse. Comment l'Éros commande à la Technique son changement de « nature ». Aux antipodes des contresens New Age ou écologiste du « transhumanisme » ou de l'« anthropocène », cette logique permet de considérer dans un premier temps comment le vivant métabolise les structures qui lui permettent ensuite d'en générer de nouvelles, hybrides celles-là.

Dans les quarante prochaines années, un milliard de personnes, l'équivalent de la population indo-européenne, vont émigrer. Qui vit encore sur sa terre natale ? Que va-t-il, peu à peu, rester de « natal » dans le genre humain ? Et quel lamento a la moindre efficience à l'échelle de cette « évolution » ?

Dans un zoo un homme, *nostalgique*, regarde un singe.

V

À partir des années 1980 du XXe siècle, s'esquissèrent les prémices de ce qu'on nomme la globalisation. Le sida comme épidémie mondiale, Tchernobyl comme catastrophe mondiale, les flux financiers comme trésorerie mondiale, la politique comme cosmétique de l'économie mondiale, le terrorisme comme guerre mondiale, la paranoïa et la mélancolie comme sentiments mondiaux, Internet comme armature mondiale, le tourisme comme loisir mondial, la consommation comme drogue mondiale, l'information comme système carcéral mondial, le clone scissipare comme *notre* successeur mondial.

Notre époque excelle à masquer d'enjeux datés les ressorts de sa nouvelle configuration, celle qui établit – sous le sceau d'une toujours plus complète uniformisation de la planète – un système dont le fonctionnement parfait confine à l'autonomie d'un organisme vivant. Pour les saisir dans leur mise en place et leurs conséquences – ce système, cet organisme –, il faut que la pensée se détache des phénomènes comme Peter Schlemihl s'est détaché de son ombre, au risque de se perdre. Une pensée à ultraviolets ou à rayons X, selon la situation, pour voir par-delà les clichés au milieu desquels on nous donne à vivre la réalité. Le cliché de la minorité nous donne l'illusion de la singularité. Le cliché de l'exploité nous donne l'illusion du privilège. Le cliché de l'exclu nous donne l'illusion de la cohésion. Le cliché de la dérision nous donne l'illusion du rire. Le cliché de la pornographie nous donne l'illusion de la jouissance. Le cliché de la sécurité nous donne l'illusion de la paix. Le cliché de la culture nous donne l'illusion de l'art. Le cliché *du* social nous donne l'illusion de la politique. Le cliché du confort nous donne l'illusion de la richesse. Le cliché de l'égalité nous donne l'illusion de la liberté.

Autre phénomène marquant de la mue du monde : ce qui fut appelé la mondialisation économique, l'économie de marché comme hégémonie planétaire. Ce système est intégriste dans le sens où il vaut mieux avoir tort avec lui que raison en dehors de lui. Il a, lui aussi, des conséquences urbaines. Les flux l'emportent sur les lieux. Un mouvement de privatisation au long cours modifie le domaine public. La dynamique sociale se prémunit contre les risques de la conflictualité, et des logiques sécuritaires font florès dans le discours politique en substituant par exemple le problème des banlieues, de la délinquance, à celui de la pauvreté et de l'injustice.

Certes, le commerce mondial existe depuis Marco Polo. Mais c'est un cliché spécieux de le comparer à la mondialisation économique de la fin du XXᵉ siècle. Acheter des produits locaux à l'étranger et lui vendre nos spécialités, ce n'est pas lui faire fabriquer pour des raisons de rentabilité des produits qui, par concentration, standardisent la consommation du monde et attentent de ce fait à toute notion de localité. Ce n'est pas non plus faire acheter à ces pays-ateliers les biens de première nécessité qu'ils n'ont plus la latitude de produire eux-mêmes.

Une économie en archipels est en train de se constituer qui ne se superpose plus aux villes commerçantes puis industrielles qui ont noué entre elles des relations d'échanges depuis la Renaissance. Sa logique est moins commerciale, industrielle, mécanique que financière, informatique, virale.

C'est un contresens de penser que l'emprise chinoise sur l'économie mondiale va cesser avec l'avènement de sa « classe moyenne ». Goûtant aux joies de la consommation, elle cesserait de faire d'un seul homme les grands bonds en avant que la productivité libérale exige. C'est le contraire. La mondialisation capitaliste induit plus d'uniformisation que de réel individualisme. Et c'est bien lorsque l'« individualisme » s'est exprimé à l'Ouest avec toute sa puissance uniformisante que la Chine – dont la conception du sujet est effectivement aux antipodes de l'occidentale – a métabolisé sans difficulté le mode économique qui le promeut.

Les exécuteurs testamentaires de l'activisme capitaliste occidental se trouvent en Asie. Là-bas la Technique trouve un bassin humain à même d'enclencher le turbo de sa motricité.

Il y a trois monnaies mondiales hégémoniques. Les nations sont des multinationales. Les multinationales sont des puissances politiques. La classe productrice est devenue masse consommatrice. Agents de surface.

VI

Le terme « mégalopole » a été forgé par le Français Jean Gottmann en 1961. Les métropoles ont désormais un air *provincial* en comparaison. Les échelles ne sont plus les mêmes. Celle de la métropole est temporelle (elle a une histoire), celle de la mégapole est spatiale (elle est une *dimension*). Leurs langages diffèrent. Le verbe raconte la métropole, le chiffre code la mégapole. Elles se déploient selon des logiques différentes. Celle de la métropole était politique, celle de la mégapole est économique. La croissance de la première était mécanique, celle de la seconde métastasique.

La métropole est :	La mégapole est :
verticale	horizontale
concentrique	désaxée
nationale	globale
névrosée	psychotique

La métropole est :	La mégapole est :
diverse	univoque
raffinée	sophistiquée
bavarde	signalétique
belliqueuse	sécurisée
séduisante	fascinante
éternelle	infinie
lente	instantanée
explosive	implosive

La mégapole est un monde dont les quartiers sont des continents. On ne pouvait miser que sur l'abstrait du chiffre pour donner un sens à son chaos. Pour l'anecdote, les rues n'y ont plus de noms mais des numéros.

L'économie de marché ayant ses propres lois, il n'est pas de contrôle politique sur ce qu'elle génère en matière d'urbanisme. De même que le processus de croissance de la Technique se passe au bout du compte de tout contrôle économique. Cela n'empêche pas certaines configurations à l'échelle territoriale. La mégapole explicite deux mouvements de ségrégation. Enrichissement de certains quartiers fermés de l'intérieur et concentration proportionnelle de populations précaires sur des zones fermées de l'extérieur.

Ce qu'ont en commun les communautés habitant le Grand Ensemble : le fait de ne rien partager, surtout pas l'espace.

Les mégapoles sont des commutateurs entre le local et le global. Interfaces de communication dont les « voies » permettent la synchronisation du Grand Ensemble, sa croissance aussi. Une petite partie d'entre elles se spécialise dans des fonctions d'encadrement à haute valeur ajoutée (places boursières) quand la plupart assurent la métabolisation de la richesse et de l'énergie par les activités de production, de consommation et de services. Reste la question de la création, de l'innovation, dont le Grand Ensemble a besoin pour des raisons d'adaptation aux contextes de la Technosmose et à laquelle la mégapole en tant que telle ne répond pas.

Il faut me pencher sur ce problème en particulier pour ne pas faire fausse route pendant mon enquête.

La mégapole est une ville libérée de son soi-disant carcan identitaire. Une ville anonyme, amnésique, sans passé même puisque « poussée » en deux décennies. Une ville qui fait une place considérable au vide (omniprésence des atriums dans l'architecture de ses bâtis de base). Rien n'y dure mais rien n'y vieillit : doxa de l'*upgrade* et du *retrofitting*. Villes liftées, botoxées, villes dopées, sous stéroïdes. Ensemble vide.

Rem Koolhaas est l'un des prêtres majeurs de cette configuration urbaine qu'il a baptisée « ville générique ». Ses provocations théoriques sont-elles critiques ou cyniques ? Un doute plane.

Dans sa *Scienza nuova*, Giambattista Vico définit une théorie du *ricorso* selon laquelle chaque période de l'histoire humaine reproduit le modèle d'une période qui lui correspond dans un précédent cycle. Géniale approche qui relie la structure de la pensée à la structure de la réalité. Ainsi le code sémantique linguistique serait un *ricorso* du code génétique ou bien l'expansion démographique serait un *ricorso* de la prolifération cellulaire.

VII

Athènes, la cité par excellence, fut fondée sur l'exploit : Thésée tue le Minotaure grâce à Ariane. Sa question est celle de la puissance. Rome est née avec Romulus et Remus, de l'accouplement du dieu Mars et d'une catin. Or Romulus tue Remus. Rome fut fondée sur un crime, sa question est celle du pouvoir. Qu'en est-il de la mégapole ? Quelle est sa question sinon celle de l'argent ? À moins qu'il ne s'agisse, plus profondément, de celle de l'énergie.

La gloire d'Athènes vient du fait que pendant deux siècles la majorité des citoyens ont voulu servir leur cité plus que leurs intérêts. Et ce en poursuivant les activités diverses exigées par le service de l'État : obligations militaires, délibérations politiques, cérémonies publiques, représentations, travaux de juridiction. C'est un idéal spirituel qui anime la cité de Périclès, seule sorte de démocratie « idéale » donc. Il faut noter au passage qu'elle ne put être mise en pratique qu'à la condition d'un esclavagisme impossible à appréhender avec nos *postjugés*.

La cité grecque se distingue en respectant la mesure en tout. Elle évite que l'homme ne paraisse plus petit, moins remarquable, moins important que les produits de son industrie. Elle n'en perfectionnait pas moins les institutions urbaines qui peuvent unir les hommes dans une œuvre pensée commune. Un groupe humain a dépersonnalisé le pouvoir souverain et l'a placé en situation de n'être exercé par personne à sa guise.

Olympie, Delphes ne pouvaient pas être considérées comme des cités. Centres religieux ou centres spirituels seraient des notions plus exactes. Pourtant, elles représentent l'inédit de la Grèce. À leur origine, des progrès décisifs de l'esprit humain. Elles ont su attirer jusqu'à elles, grâce à de grandes cérémonies saisonnières, des hommes venus des plus lointaines régions de la Grèce qui repartaient délivrés de leurs particularismes. Mais aujourd'hui, à partir du « hors-sol » général, la destination pour l'individu devient incertaine, sinon celle d'une fonction opératoire dans le Grand Ensemble.

Faut-il voir en la Grèce d'où les dieux venaient de fuir, le fond de notre monde ? Celui-ci a changé du tout au tout mais si les dieux revenaient, eux aussi se seraient métamorphosés. Dans la virulence de l'essor biotechnologique, ne peut-on pas délimiter le domaine qui va accueillir ce qu'avait quitté le langage de la plus haute poésie, l'esprit du divin ?

La royauté mycénienne a disparu après la période célébrée par Homère. Devaient s'imposer les habitudes démocratiques du village. Sous l'influence des Perses, les Grecs n'étaient plus enclins à diviniser leur chef. Le respect superstitieux envers les dieux décline dès le VIe siècle avant notre ère. Agamemnon par exemple veut qu'on lui rende justice comme à un homme, et non qu'on l'honore comme un dieu. L'esprit de notre « démocratie » gagne. Les dieux prennent un visage humain que l'on peut railler. Le héros n'est plus chanté que pour ses défaites. Bientôt, elles seules le définiront aux yeux du peuple. On pourrait situer ici l'une des racines de la forêt du « Ressentiment » que distingua Nietzsche derrière l'arbre de l'Histoire.

La cité athénienne n'est pas née en un jour. La division du travail, la séparation des castes, les guerres, l'esclavage, l'organisation de la fécondité ont été élaborés et rationalisés des millions d'années avant les premiers campements. On médite sur les origines de la cité à partir de vestiges archéologiques. Mais les débris de poteries, d'armes, d'ossements ne parlent que d'un temps rendu possible par le langage et des rituels. Leur source, faute de trace, reste indéfinie.

La cité romaine annonçait aussi le Grand Ensemble. Namatianus reproche à César : « Tu as fait d'un monde une ville. » Or la mégapole a fait d'une ville le monde. La Technosmose se démarque ainsi de l'époque romaine : sa promotion urbanistique se fait sous l'impulsion de l'économie. Cicéron considérait les activités commerciales comme un élément parasitaire dans la vie d'une cité idéale où seuls le travail de la terre et le noble loisir sont à estimer. En cela il est encore parent de la Grèce d'Hésiode.

Hobbes conçoit la société en pensant que l'homme est un loup pour l'homme : son principe est celui de la violence. Spinoza la pense avec pour présupposé que l'homme est un dieu pour l'homme : son principe est le sacré. À bien y regarder, la Rome impériale, l'archétype de nos métropoles, conciliait prosaïquement ces deux aspects : police et hygiène.

Les Romains commençaient par construire les remparts de leurs cités quand les Grecs finissaient par eux. À son déclin, en 354, Rome compte deux cents jours fériés dans l'année. Loisir et paranoïa. Cela devrait parler à notre époque.

VIII

Généalogie de la ville. Avant la cité, il y eut le village. Avant, le sanctuaire. Avant, le campement. Avant, la grotte. Et encore en amont, l'instinct de communauté animal, grégaire. Avec le feu comme un soleil au centre d'une galaxie de regards méfiants mais curieux. Je me souviens du beau livre de Juan José Saer, *L'Ancêtre*. Et de ma sidération quand enfant j'ai vu *La Guerre du feu*.

S'il est encore possible aujourd'hui de savourer la ville, ce plaisir est le fait d'une culture patrimoniale. La métropole se confond alors avec un musée, sinon avec un parc à thème. Musée de l'Homme.

Les favelas sont une des manifestations urbaines de la mue du monde. Il est à parier qu'elles ne seront pas détruites au profit de résidences sécurisées. Leur inventivité sera préservée et aménagée pour s'y loger *dernier cri*. En revanche, la « ville nouvelle » ne fut qu'un mirage, trop lourd dans son intention d'uniformiser. L'avenir est sans doute à des kits d'habitation individuels tout aussi totalitairement normatifs mais, comme tout ce qui se fait au nom du Progrès, laissant à chacun l'illusion de son *originalité*.

Léon-Paul Fargue écrit : « C'est l'une des tares de l'époque : les civilisés ne veulent plus rien faire avec leurs mains, leur patience, leur imagination. Ils veulent de la confection en tous les domaines. La vie qu'ils semblent rêver tiendrait du grand magasin, avec fournitures générales réparties entre les divers étages et distributeurs automatiques de vie intérieure. » Nous sommes en 1943.

La *pauvrière* globale se confond avec le chantier global. L'une travaillant dans l'autre.

Les métropoles cosmopolites furent une étape vers les mégapoles d'hybridation qui sont le creuset, ou le brouillon de culture, d'une race planétaire hors temps comme il est aujourd'hui des espèces végétales hors sol.

Panofsky a démontré comment la pensée scolastique a engendré l'architecture gothique. Comment le plan gothique s'inspire des classifications de la *Somme théologique* de saint Thomas d'Aquin. Ainsi, il y eut un style du fait religieux. Celui du fait rationnel a produit un urbanisme fonctionnel. Le style de la Technosmose se déploie dans les mégapoles, pourtant il me semble de plus en plus qu'il s'agit d'une fausse piste. En rassemblant toutes les données à ma disposition ou issues de mes réflexions à son sujet, j'ai pourtant constaté que certaines cités qu'on pourrait dire conceptuelles ne peuvent être classées dans la catégorie des mégapoles. Elles ont vu le jour à peu près au même moment mais l'esprit à l'œuvre pendant la mue du monde y est encore plus explicite dans le sous-ensemble qu'elles constituent.

C'est sans doute vers elle que doivent s'orienter mes investigations à propos de la Technosmose envisagée sous l'angle de l'urbanisme.

IX

Au milieu du XXᵉ siècle, le modèle américain est celui qu'offre l'Occident comme matrice d'un système pacifié et prospère. Un nouveau type de cités apparaît avec les mégapoles où se manifeste aussi la puissance uniformisatrice de la Technosmose. Ce sont les villes à thèmes promues par l'*American way of life*. Elles sont à la fois des villes-vitrine, modelant l'image de marque du pays qui les édifie, et des villes laboratoires où un style de vie aux normes de l'époque est testé. On pourrait les appeler des *protopoles*.

Las Vegas (ville du jeu et de l'argent), Disneyland (ville du rêve), Sun City (ville de la sécurité) apparues autour des années 1950 du XXᵉ siècle sont les premières protopoles.

Thomas More utilise pour la première fois le concept d'Utopie en 1516 et Rabelais, seize ans plus tard, l'emploie en tant que « pays fictif », pays de nulle part, dans son *Pantagruel*. Aujourd'hui l'utopie est un mode de vie à la carte.

Les protopoles répondent à la question de la création, de l'innovation, dont le Grand Ensemble a besoin pour des raisons d'adaptation aux contextes de la Technosmose et à laquelle la mégapole en tant que telle ne répond pas.

Il y eut d'autres « villes » que Disneyland édifiées par Disney. Celebration est la réanimation d'une parfaite petite ville des *golden fifties*. Passionné d'urbanisme, Disney expose son programme à propos d'Epcot, une autre de ses utopies : « Ce sera une communauté planifiée et contrôlée. Une vitrine de l'industrie, de la recherche et des écoles américaines. Dans Epcot, il n'y aura pas de ghetto parce que nous ne les laisserons pas se développer. Il n'y aura aucun propriétaire terrien et donc aucun contrôle de vote. Les gens loueront des maisons au lieu de les acheter. Il n'y aura aucun retraité : chacun doit être employé. »
Sur les rives du lac Buena Vista, Disney a réuni quatre communautés autour d'un thème ludique : golf, tennis, nautisme et Far West. En Floride, il se propose de créer une cité du futur.

Ces villes à thèmes n'auraient jamais été possibles sans l'existence d'Hollywood, elle-même née de Los Angeles, première mégapole sur le sol américain. Fabrique de rêves et de cauchemars, laboratoire du virtuel. La ville est le décor dans lequel évoluent les « acteurs économiques » à quoi se résument les individus.

C'est en hommage à Godard que la première Alphaville a été baptisée ainsi, en 1970 à vingt-cinq kilomètres de São Paulo. D'autres verront le jour, cités résidentielles sécurisées, à Belo Horizonte ou près de Rio. L'utopie pertinente est là, plus qu'à Brasilia conçue par Oscar Niemeyer, car dans les Alphaville les idéaux sont économiques quand à Brasilia le projet politique est obsolète.

Aujourd'hui, de nombreux pays adoptent des stratégies de communication pour développer leur attractivité mondiale, notamment en spécialisant certains de leurs centres urbains. Ils tendent à diversifier leur portefeuille d'activités pour faciliter une sortie de crise (villes marquées par la révolution industrielle) ou anticiper une crise à venir (villes du Golfe menacées par le déclin éventuel de la rente pétrolière). Il s'agit d'attirer le tourisme international, les firmes, les investisseurs. Le *citymarketing* fait appel à des cabinets de consultants internationaux et s'appuie souvent sur des partenariats privés.

La façon dont les discours de ces protopoles convergent est significative. Ils mettent en avant le patrimoine de la ville, les aménités du site, la qualité de sa « gouvernance » (propreté et sécurité). Ils sont assortis d'icônes ou de slogans simples *(city branding)* orientés vers la culture, le loisir et le luxe.

La mue du monde n'est pas un moment où toute utopie a disparu. Si on ne voit plus de monde idéal se profiler à l'horizon, c'est simplement que nous en sommes partie prenante. *Nous y sommes.*

Certaines villes utilisent des bâtiments-monuments pour leur fonction identificatoire (Bilbao et le musée Guggenheim). Leur matérialité

redouble la fonction symbolique du langage dont elle pallie la volatilité.
Ils s'avèrent être un dispositif fondamental dans le processus d'institu-
tionnalisation des nouvelles sociétés humaines. Certains pays utilisent
les protopoles dans le même but à l'échelle nationale.

Les villes d'exposition universelle sont aussi des protopoles. En
2010, Shanghai a accueilli 73 millions de visiteurs sur 530 hectares.
« *Better city, better life* » était le slogan de cette ville-vitrine-laboratoire.
Un district entier conçu par l'université de Tongji était spécialisé dans
l'ingénierie urbaine.

Depuis des millénaires, une construction peut changer la physio-
nomie d'une ville et même d'un pays. La pyramide par exemple n'est
pas un bâtiment pour habiter mais pour exister. Pour être à la hauteur
de la nature. Une preuve que l'homme se fait de lui-même, à lui-même.

Les villes à thèmes concernaient les idéaux du loisir et du confort
que véhiculait la mondialisation américaine du milieu du XXᵉ siècle.
Les protopoles sont aujourd'hui les opératrices des « valeurs » qui
ont le global pour échelle. Leur registre ne relève pas du social mais de
l'économique et du technique. Elles sont les faits saillants des seules
idéologies apparues avec la mue du monde parce que les seules à
avoir une portée planétaire : la technologie, la spéculation financière,
l'écologie (Apple Campus 2, Dubaï, Masdar).

Dubaï a pour ambition d'offrir leur Eldorado à la consommation et
à la spéculation immobilière en multipliant les avantages d'un paradis

fiscal. On a consommé des biens, on consommera de la qualité de vie. Mais ce sont les Émirats arabes unis voisins qui veulent incarner l'avenir en développant des zones franches consacrées à des secteurs prétendument innovants. D'autres protopoles sont en voie d'élaboration. Leur nom est leur programme : Internet City, Media City, et le projet de « la cité de l'aide humanitaire ».

L'écologie est l'idéologie la plus en rapport avec la dimension globale de la Technosmose. Le communisme a perdu ses vertus fédératrices. Le capitalisme est à ce point la force motrice de la mondialisation qu'il en est indiscernable. La prise en compte des finalités du « progrès » (économique et technique) en fonction de leurs dommages collatéraux, telle que l'écologie la propose, est d'une grande pertinence historique.

C'est pourquoi les protopoles « vertes » comme Masdar sont les plus symboliques de notre phase de la Technosmose, tant leur esprit se situe à la jonction des enjeux de la Technique et du vivant pris dans leur ensemble.

(Si je suis conséquent avec ce postulat de base, c'est sur Masdar que je dois axer mon enquête. Avant de se rendre sur le terrain, se renseigner sur cette ville témoin.)

Deux ans que j'ai quitté Paris. L'oiseau sans perchoir habite son vol. Escale prolongée à Grenade. L'Andalousie est une plaine debout avec dix soleils au-dessus. La lumière déplie tout un labyrinthe de nuits noires sous les arbres. Tous les chemins s'en vont par le voyage qui n'en finit pas.

X

Il y a cinquante ans les Émirats arabes unis se résumaient à leur capitale Abou Dabi, qui n'était encore qu'un port de pêcheurs pelé par le sel et le vent du désert. Cinq mille habitants y vivaient dans des cabanes en pierres de corail et feuilles de palmier. Abou Dabi était un îlot séparé du continent par le Khor que l'on pouvait franchir à gué. Je lis qu'en 1720 un groupe de chasseurs de Liwa a suivi une gazelle jusqu'à l'une des îles côtières du golfe Persique. Ils trouvèrent une source d'eau potable où l'animal s'était abreuvé. Le village d'Abou Dabi, « père de la gazelle », fut fondé là. Aujourd'hui l'Abu Dhabi Economic Vision vise à transformer le modèle économique de l'Émirat fondé sur la rente pétrolière pour l'axer sur l'innovation technologique et écologique. Paradoxe du huitième producteur de pétrole mondial qui aspire à devenir le premier pays « propre » de la planète. Anticipation visionnaire ou marketing. Au niveau politique, les deux sont aujourd'hui indissociables.

C'est en 2006 qu'a été décidée la construction de la ville de Masdar par les Émirats arabes unis. Cette ville « verte » a pour but d'être la vitrine des technologies et des énergies dites propres. Elle devrait pouvoir accueillir cinquante mille habitants d'ici à 2030, et mille cinq cents entreprises. Elle coûtera vingt milliards de dollars et a été conçue par les bureaux de Norman Foster.

Masdar. Produire du propre dans le pollué, du pittoresque dans le désert, de l'intemporel dans l'avenir, de l'extase dans le banal.

Pour l'instant, Masdar compte les six buildings de l'Institut des sciences qui constituent son campus. Trois buildings résidentiels, deux laboratoires et un centre de recherche. Vient de débuter la construction d'un centre commercial et d'un centre de recherche Siemens.

L'un des défis de Masdar est de rester une ville fraîche par quarante degrés à l'ombre en dépensant un minimum d'énergie pour la climatisation. L'Orient sut apporter par la simplicité une réponse à la chaleur. Or maintenant c'est grâce à la sophistication qu'on parvient à la simplicité. Exemple prosaïque de la phase magique de la Technique.

Énergies et technologies solaire, thermique, éolienne, marine, géothermique, agrocarburants et hydrogène, recyclage et désalinisation de l'eau. Tout cet arsenal visant essentiellement à réduire au maximum l'émission de CO_2 dans l'atmosphère.

L'un des fleurons de la première région productrice de pétrole au monde génère la cité qui se passera le plus au monde d'hydrocarbure.

Créer un urbanisme dit écologique ou « durable » exige tout un kit d'art spécifique, ainsi qu'une vision de ce que l'avenir peut avoir de séduisant s'il est soumis à une restriction des dépenses en énergies fossiles. Ce qui apparaît sur le papier, c'est une intégration au niveau de l'individu de sa responsabilité personnelle : économie d'eau, tri des déchets et en même temps de son intégration au groupe social : transports en commun ou voies publiques piétonnes.

Masdar doit aussi offrir un modèle exportable partout dans le monde. Il y eut des appartements témoin, il y a des villes témoin. Depuis 2010, une « ville verte » de moindre envergure est en construction en Chine, à Dongtan.

XI

Les Émirats arabes unis comptent deux millions d'habitants vivant sur la côte pour l'essentiel. Les Al-Nahyan de la tribu Al Bu Falah règnent sur Abou Dabi depuis le XVIIIᵉ siècle. Comme toutes les tribus du Golfe leurs origines sont au Yémen. La politique y est celle du clan qui se confond désormais avec l'équipe de gestion de la manne pétrolière. 70 % de la population est composée d'expatriés. Occidentaux pour ce qui concerne l'encadrement de l'activité industrielle ; Indiens, Pakistanais, Philippins pour ce qui est du personnel et de la main-d'œuvre.

L'Abu Dhabi National Oil Company est une des plus grandes compagnies pétrolières du monde. Ses réserves couvrent officiellement les cent prochaines années. Sa politique extraterritoriale d'investissements vise à agrandir son territoire d'influence pour se protéger des convoitises que sa richesse va attirer avec les besoins en or noir croissants de la planète.

Abou Dabi utilise essentiellement le sigle E.A.U pour se représenter sur la scène mondiale. Ce sigle est un code qui atteste que la puissance du pays correspond au langage de la planète : celui des chiffres.

Que veut dire occuper une place respectable dans un monde dont il reste à démontrer toute la respectabilité ?

En 2012, a été ouverte à Abou Dabi une antenne du Louvre conçue par Jean Nouvel. Outre le rayonnement culturel et le « placement » symbolique que représente un tel investissement, il faudrait aussi constater là quelle idéologie est promue à travers le choix des œuvres exposées. Car les réserves du Louvre en proposent, du choix. Je serais curieux de savoir quel type d'œuvres est mis en avant par ce pays où la loi coranique régit les mœurs.

Une immense partie du territoire est le désert Rub al-Khali, appelé aussi le Quart Vide. Il est plus grand que la France. Vu de l'espace sur Google Earth il m'apparaît à la pointe de la langue de feu qui court du nord de l'Afrique jusqu'au désert de Gobi. Le « désert des déserts » roule sa marée de dunes de l'Arabie saoudite à l'océan Indien.

Le désert a lieu cent millions d'années avant ou une heure après le genre humain.

C'est en 1984 que la navette spatiale *Columbia* fit des photographies de ce qui allait se révéler les vestiges d'Iram, la cité des mille piliers. Deux prodiges entrent alors en correspondance : le Sacré et la Technique.

Immense désir de désert.

LE MIRAGE QUI VIENT

XII

Le moment du départ, comme si le lendemain avait un jour d'avance.

Salle d'embarquement. Dôme de verre de Roissy-Charles-de-Gaulle. Tout aéroport international est un point nodal de la globalisation. De chacun d'entre eux se sont déployées au milieu du XXe siècle les infrastructures de l'urbanisme générique planétaire. Comme les terres agricoles jusqu'à l'époque moderne, puis les ateliers et les universités à la Renaissance, puis les hauts-fourneaux à l'époque industrielle, les aéroports internationaux ont symbolisé leur temps en façonnant les dehors de l'affairement général se mondialisant. Il fallait en effet que s'ombilique dans des lieux internationaux la dessication de l'idée de nation, de pays, de localité. Immédiatisation de l'« Ailleurs ». « À l'étranger » revêt un caractère cosmique et la figure de l'extraterrestre comme étranger apparaît dans la culture populaire.

Le gigantisme aéroportuaire capte les flux touristiques, commerciaux, migratoires et les rediffuse par capillarité économique. Ces

immenses plates-formes de distribution de population et de marchandises, de centres d'affaires, de galeries commerçantes, d'espaces
culturels, de pôles hôteliers *aménagent* les territoires.

Le mot « terminal » a ici une consonance glaçante. Là encore
affleure l'ambiguïté de la mue du monde. Ce qui est perdu est signifié
mais ce qui apparaît est ignoré. Le terminal est, aussi, l'inaugural.

L'aéroport est le prototype de la mégapole : interfaces des flux
migratoires qui caractérisent la démographie nouvelle. Brassage de
continents. Métaphore architecturale du transitoire de l'époque et
de son *appareillage*. Le genre humain se délivre de la terre. Vitesse de
libération, conquête spatiale. Que devient l'humain sans l'humus ?

Le style international qui caractérise d'abord les aéroports au milieu
du XXᵉ siècle s'étend tout de suite à l'hôtellerie. Dans les années 1960,
la chaîne d'hôtels Novotel aménage des chambres identiques partout
dans le monde *pour qu'on ne souffre pas de dépaysement.* Cette standardisation va paradoxalement se coupler à une personnalisation de
l'architecture. Ainsi ce qui aura valu des critiques au modernisme,
son uniformité, devient la condition d'une emprise nouvelle. Les
figures de ce mouvement sont starifiées : Mies van der Rohe, Walter
Gropius, Marcel Breuer et l'agence Skidmore, Owings and Merrill …
Les ressemblances entre bâtiments ne se limitent pas aux réalisa-
tions ordinaires telles que les bureaux et les blocs de logements. Les
contraintes économiques induisent des solutions formatées.

XIII

C'est la vue aérienne qui permet de prendre la mesure de l'horizontalité du développement urbain. Si elle correspond à la lancée des gratte-ciel new-yorkais, elle coïncide surtout avec la propagation étale, tentaculaire, puis virale des pôles urbains. C'est en 1915, aux États-Unis, que sont prises les premières vues du ciel. Alors les buildings apparaissent en bloc comme l'épicentre économique de l'explosion urbaine.

Décollage. Je pense à Beauté au moment de ne plus toucher terre. Je voudrais lui découper un collier dans la pâleur de la lune. La nuit à se dire au revoir. Au petit matin, tout le ciel s'est jeté par son regard.

Je regarde l'avion dans lequel je viens de m'envoler sur mon écran-passager. Fenêtre d'engin spatial par laquelle m'apparaît le globe terrestre. Survol de l'Europe entamé. Le lever de Terre photographié par Anders lors de la mission Apollo 8 (Earthrise) puis la planète bleue (Blue Marble) prise par Evans lors d'Apollo 17 en 1972 (année de ma naissance) ont à la fois donné au genre humain un point de vue inédit sur le monde et représenté à leur insu la dimension du global qui s'inaugurait alors. S'ajoute à cela l'expression d'une nouvelle perspective, d'un nouveau regard, impliquant l'éloignement du genre humain de sa « Terre natale » via la Technique.

La vue de l'espace embrasse la planète d'un coup d'œil. Cet événement correspond à l'instantanéité et à l'ubiquité qui régissent notre relation technique au monde. Un exil inédit est représenté dans ce qui est tout ensemble une prise de distance par rapport au monde traditionnel et une *compréhension* de la mue du monde.

Le récit de voyage est un genre littéraire en soi. Il y a la tradition occidentale du voyage en Orient et puis le *rihla* de tradition arabe qui mêle objectifs politique, philosophique et simple curiosité. Le voyage illuminant d'Ibn Arabî en est un des plus beaux exemples. Je me souviens que pour lui la vérité n'est pas de l'ordre de la logique mais de celui d'une expérience sensible, et que l'esprit et le corps se rencontrent à la pointe de son éclair. J'avais noté aussi que pour lui l'imagination est l'organe de perception de la vérité qui puise son énergie dans le cœur.

Le récit de voyage est en Occident, depuis la fin du XVIIIᵉ siècle, un périple dans l'Histoire. Il dit l'exotisme de l'« Ailleurs » et son passé profond. Dans l'absolu, le récit de voyage est une machine à remonter le temps et à rencontrer l'étrange. À présent qu'il n'est plus d'Ailleurs et que les dernières terres d'exotisme véritable sont d'autant plus préservées qu'elles sont en sursis, le voyage le plus pertinent serait celui qui va constater le Même partout à l'œuvre, et l'inédit de cette uniformité en cours de gestation. Voilà aussi le programme que mon enquête exige de réaliser.

Le récit de voyage avait le vestige pour décor. Le mien aura le chantier.

Il avait le passé pour cadre, le mien a l'avenir pour perspective.

Il avait l'« Ailleurs » pour quête, le mien a la Technosmose pour enquête.

Il était rétrospectif, le mien est prospectif.

Masdar, c'est aussi un voyage aux sources de la question de l'énergie et aux confins de celle de son exploitation. Et voilà peut-être le secret de ce nom Masdar, qui veut dire « la source », sinon qu'elle se situe aussi *à la source* d'un nouveau « nouveau monde ».

Le vrai voyage, c'est d'atteindre le point de non-retour. Et puis de revenir.

Le point de non-retour n'est pas la fin. C'est le moment où l'« aller » devient irréversible. C'est un moment où l'individu se révèle, où l'espèce vivante passe à une autre station de son évolution. Dans les deux cas, le point de non-retour marque une période de mutation.

La révolution complète est un retour à la case départ. Elle trace un cercle. La mutation est l'accession à un autre niveau. Elle trace une spirale.

XIV

À côté de moi, un type demande sa deuxième mini-bouteille de whisky depuis le décollage. Il veut faire la conversation mais je n'offre aucune prise, plongé dans mes notes, écouteurs aux oreilles. L'Hymne à la joie, toujours. Je sais quand même qu'il va à Bangkok pour « s'éclater » pendant trois mois. Il est chômeur, « alors… tant qu'à faire… ». Visage creusé, pupilles dilatées. *Sex trip* ou *drug trip*, il ne doit pas avoir l'intention de choisir. On est loin des *travellers* des années 1970 dont la quête était d'ordre spirituel à travers les diverses formes de consciences que leur conférait l'usage de psychotiques aux effets opposés à ceux de la mécanisation du quotidien occidental. Mon voisin s'en va faire l'Occidental au carré : speedé, robotique, désensibilisé. Plutôt sympathique au demeurant. Ma destination, où lui ne fait qu'escale, s'annonce moins *fun*.

Le Morose transporte avec lui son dégoût monomaniaque. Éros, Thanatos s'effacent et font place à son dieu Pathos. Qu'il le sache ou non, Schopenhauer est son grand homme. Génie aux manies de vieille fille, révérant un caniche et conchiant l'existence. Cette face cachée

de nos époques « festives » tire les ficelles du pantin sentimentalo-
cynique qu'est devenu l'Occidental privé de destin.

C'est une félicité quotidienne que d'analyser le cafard contemporain, le sortilège qui travaille ses ensorcelés comme les contorsions
de ses animateurs ricanant à l'identique. Ces derniers, littérateurs
guindés, clones tristes, ont un spleen d'emprunt. Ils invoquent
leurs mélodrames familiaux, leurs pépins de santé, leur regard
lourdement « léger », pour donner du poids à leur dépit compulsif.
En réalité ils ventriloquent la grande bibliothèque des neuras-
théniques : Schopenhauer donc, et toute la clique des génies
de malheur à sa suite. Ils se disent sentimentaux pour avoir l'air
sensibles, mélancoliques pour avoir l'air profonds, pessimistes
pour avoir l'air lucides, rares pour avoir l'air uniques. Ils tiennent
tellement à ce que la société les prenne pour des lumières parce
qu'ils broient du noir… Et en effet, celle-ci se défausse à peu de
frais en validant ceux qui grimacent le dédain que leur inspire
« le quotidien » qu'elle génère et auquel, de fait, ils collaborent
consciencieusement.

C'est par la sentimentalité dont elle promeut les valeurs que la
société fait corps. Nietzsche a dit comment la « Moraline » était ce
par quoi un monde religieux où Dieu est mort tenait les individus.
Aujourd'hui on pourrait dire que la Sentimentaline est la panacée
dont une société sans passion solaire gave ses membres.
Le sensible n'est pas sentimental, raison pourquoi l'époque n'en
sécrète que par erreur et le traque en réalité.

Le leitmotiv de Schopenhauer : « La vie balance comme un pendule de l'ennui à la souffrance et de la souffrance à l'ennui. » Quelles vies aujourd'hui ne prouvent pas cette règle lymphatique ? Des exceptions. Et c'est pourquoi les agents du nihilisme lourd ou *light* espèrent se distinguer de leurs existences en particulier, en effet désolantes, en maudissant la vie en général, à la hauteur de laquelle ils ne sont pas .

Et d'où me vient donc d'affirmer, à présent, à dix kilomètres au-dessus de la planète encore bleue, que la vie balance comme un pendule de l'envie à la jouissance et de la jouissance à l'envie ?

La déprime occidentale gagne le monde. C'est un autre facteur d'uniformisation, tout comme le consumérisme qui est, entre autres, l'une des posologies que la planète s'est prescrite contre sa neurasthénie.

Je vis à une époque où des enfants se suicident. Ce n'est plus la princesse au bois dormant qu'il faut réveiller. C'est le réveil lui-même. Ils ne sont pas nombreux, les êtres qui ne confondent pas le monde « contemporain » chlorotique avec la vérité de la vie. J'ai envie d'une réalité qui électrise le plus tendre de mon cœur. Mais c'est à moi de la percevoir, de la comprendre. Elle vient de partout insuffler ce qui dessoiffe l'esprit.

Le zombie n'est pas une figure de notre temps par hasard. Le mort-vivant vaudou est une allégorie du vivant-mort urbanisé-global qui se mire en lui. Le vivant-mort au quotidien automatique, avec feu de position dans la voix, avec un compteur cardiaque bloqué sur l'utilitaire, des désirs basse consommation, du sang en petite coupure et des regards Excel. Chaque être humain doit oublier que sa conscience lui donne des ailes et que son vol survole le ciel. Il doit oublier qu'il a cinq continents d'idées à peine sortis des eaux. Le vivant-mort est mobilisé par l'entité scissipare à laquelle il participe de toute sa déprime et de toute l'euphorie qui la compense. Branchement de l'arborescence. La vie ramifiée aux dimensions astrophysiques d'un plexus cortical. Mort abolie.

Je voudrais que l'intelligence de vivre condense jusqu'au cristal le charbon des nuits vides, qu'au plus profond de moi un enfant par instinct se réjouisse de la fête que cet éclat lui fait, que mon esprit traverse indemne le monde des hommes sans mélodie.

Esthétiquement, je me suis échappé du « mal du siècle » du XIXe, l'Ennui majuscule, et politiquement du siècle du Mal qui a suivi et qui procédait pour une bonne part de lui.

C'est tout un
De laver les mots dans leur possible
De les faire briller d'un or en soleil massif
D'accorder l'être à l'été
Les millénaires d'hiver au midi du verger
D'aimer en haut de soi
De penser de ton corps le baiser embrassé
C'est tout un
C'est ne pas se laisser faire par le monde.
(J'intitule « Le renouveau » ce poème qui vient de me venir.)

XV

Je me souviens qu'enfant, j'avais quatre figures d'explorateurs formant dans ma tête une sorte de cénacle héroïque. Le commandant Cousteau explorait les océans, Paul-Émile Victor les pôles, Haroun Tazieff les volcans et Alain Bombard expérimentait la survie en naufragé volontaire. C'est ce dernier qui, aujourd'hui, ne me semble pas relever d'un Olympe totalement étranger à l'époque.

Dans son *Essai sur l'exotisme*, son hymne au Divers, je lis que Segalen discerne déjà dans la sensation du « déjà-vu » l'uniformisation à venir dans le siècle d'après 1918. Avec le « partout », plus d'ici ou d'ailleurs. Avec Monsieur Tout-le-monde, c'en est fait de « moi » et des « autres ». Sans « ailleurs » et sans « autres » s'émonde ce qui s'aiguise en eux au contact l'un de l'autre.

L'Exote est à l'exotisme ce que le monarque est à la monarchie. Cette figure que Segalen invente et incarne, il la définit : « Par exotisme je

n'entends qu'une chose, mais immense : notre sensibilité au divers. »
Il ajoute quelque part : « Le divers décroît, là est le grand danger
terrestre. C'est donc contre cette déchéance qu'il faut lutter, se battre
– mourir peut-être, avec beauté. »

Segalen : « Ne nous flattons pas d'assimiler les mœurs, les races,
les nations, les autres, mais au contraire réjouissons-nous de ne le
pouvoir jamais, nous réservant ainsi la perdurabilité du plaisir de
sentir le divers. » Ici, Segalen prophétise un appauvrissement qui
caractérise la grande simplification qu'induit la mue du monde. Il
voit la perte, sans entrevoir le gain : la concentration d'énergie et la
spiritualisation sur lesquelles peut aussi déboucher cette rationalisation
systématique du vivant.

En voyage, demeure encore la sensation grisante d'une liberté
agrandie. Sans doute n'est-il plus possible d'être vraiment « ailleurs »,
mais il est encore possible de se sentir « loin », et c'est beaucoup pour
moi, qui prise la distance. « Supprimer l'éloignement tue », avais-je
cité de René Char, dans mon premier livre, à vingt-trois ans.

La culture locale a fait place ou bien au folklore ou bien aux stan-
dards mondiaux. Le « couleur locale » est un stéréotype mondial.

Les villes et les paysages traditionnels sont désormais pareils à
des survivances promises à l'extinction dans un monde qui est passé
à une autre saison. Rien de « classique » qui ne soit passé au « folk-
lorique ». L'exotisme devient moins une propriété géographique

qu'un fait temporel. On ne va plus à l'autre bout du monde, on va *il y a trente ans,* on va *il y a cent ans.*

Le patrimoine mondial : entre zoo et musée. Parodique en tous les cas.

Le vrai voyage n'en est plus à la rencontre de vues nouvelles mais à la recherche d'un œil neuf. Il n'en est plus à la conquête de l'« inconnu » mais à la découverte des relations inconnues entre les choses connues.

Avec l'« Ailleurs » a disparu l'espace vierge. C'est au début des années 1950 que la dernière tribu papoue a rencontré les hommes blancs et comprit qui était à l'intérieur des lances brillantes à l'intérieur de l'une desquelles je me trouve en ce moment. En l'occurrence aussi la boucle du global se boucle.

S'il n'y a plus d'Ailleurs, il n'y a plus d'Autre. Nicolas de Cues dans son *Du non-autre : le guide du penseur* appelle Dieu *non aliud,* « non-autre » en latin. Si tout est ici et maintenant semblablement, si tout est un ensemble coïncidant, synchrone et permanent, alors là où l'on voyait une chose on doit voir la partie d'un ensemble, là où l'on voyait un groupe on doit voir l'opérateur d'un système, là où l'on voyait un individu on doit voir la cellule d'un organisme.

Ce qui est tout, partout, tout le temps, peut définir un dieu. C'est cette situation divine que le genre humain est en passe d'occuper grâce au processus qui le rend capable de créer un dispositif artificiel capable de procréer lui-même des entités « naturelles ». Ici les guillemets ont des dimensions titanesques.

L'ubiquité et l'instantanéité qui coordonnent la dimension de la Technique à son stade magique, ont anéanti la notion d'« Ailleurs ». Cela ne va pas sans réactions. Face au global réaction locale, face à l'uniforme réaction communautaire, face à l'unique réaction identitaire. Mais ces manifestations, si virulentes ou même bassement meurtrières soient-elles, sont plus de l'ordre du phénomène allergique que de l'émergence d'une alternative.

Un Ailleurs falsifié est commercialement vendu, comme un alibi, par le « Partout » économique. Il a ses baroudeurs médiatisés. Robinson Crusoé avec des photographes de presse pour Vendredi. Leur « solitude » est celle que les gens vivront par procuration : une évasion tout confort, dont les scrupuleux clichés constituent le « terrain d'entente ». Les baroudeurs tiennent le discours sur l'américanisation du monde génialement prononcé par Knut Hamsun il y a un siècle. Mais le visage de la situation a changé depuis. En amont de l'américanisation il y a l'Occident, en amont de l'occidentalisation il y a l'essor technique (scientifico-économique), en amont de cette rationalisation il y a le Nombre, la puissance de quantification, d'abstraction, d'uniformisation déployée par les nombres quand le genre humain les anime.

La régie médiaticommerciale se complaît à glorifier les avatars de ce qu'elle aura contribué à réduire comme peau de chagrin : « l'exotisme ». Or c'est par le tourisme qu'on accède aux prétendus particularismes culturels et géographiques que la notion recouvre. Et le régime du tourisme est le même partout, global lui aussi. Perversion du système.

Le régime du tourisme est celui d'une frénésie. Outre son aspect commercial de consommation culturelle, il est une manifestation des prémices de la Technosmose. La visite touristique est remarquable par son grégarisme, par l'uniformisation des types humains et des « cultures » (des visiteurs et des visités) qui la sous-tendent, mais elle est d'abord significative par l'activation de mécanismes technologiques. Elle est le moment de mise en marche de tous les appareils électroniques et numériques d'enregistrement optique et audio par une population qui croit archiver un moment qu'elle croit vivre. Bien sûr il s'agit en réalité d'un moment de liquidation de l'expérience sensible au profit d'une jouissance instrumentalisée. Comme il s'agit là d'un moment de formatage culturel et non de méditation historique et géographique. Difficile, pris dans la ruée touristique, de ne pas éprouver intensément la charge profanatrice à laquelle « l'industrie du voyage » donne libre cours. Si l'on résiste intérieurement, en restant en relation avec le Toujours vivant du site ou de l'objet muséifié, alors la profanation est profanée, le dispositif robotisant est déjoué. Seconde sacrée.

Le « caractère » d'un peuple est une notion qui devient aussi désuète et suspecte que l'Histoire qu'elle est censée signifier. Pour faciliter la négation d'un concept, un soupçon moral est souvent porté sur les mots qui le définissent. Où l'on voit encore que l'égalitarisme est un phénomène d'indifférenciation.

Ce qui reste exotique, et qui n'est pas de l'ordre de la réserve tou-ristique, est vécu comme *demeuré*. Un lieu, une culture, condamnés à l'agonie, ou bien en sursis avant leur conversion au schéma global. En tous les cas un lieu, une culture un peu fantômes.

Romain Gary rapporte dans je ne sais plus quel livre : « Dos au Parthénon, Madame photographie au loin le toit de son hôtel. »

XVI

Depuis Descartes, rien de nouveau dans le monde qui ne soit apparu sous le signe de la planète occidentalisée (progrès technique, économie libéralisée).

Atouts de l'Occident pour sa carrière dans le monde :

La raison grecque réactivée par la méthode cartésienne l'a conduit à s'emparer du monde pour le comprendre et l'exploiter. Sa conception linéaire du temps chrétien redoublée par les exigences morales du protestantisme a galvanisé au plan personnel et social l'idée de Progrès, et donc de déploiement – ce qui progresse grandit. De même que le protestantisme a promu, à travers le libéralisme, la recherche du profit, autrement dit l'idée de « croissance » elle aussi intrinsèquement hégémonique. Le concept clé de l'Occident, celui de « modernité », d'abord synonyme d'une volonté aveugle de changement, impliquait de modifier aussi les régions du monde qui ne partageaient pas cette mystique-là. Les droits de l'homme et le type de démocratie parlementaire que l'Occident a produit tendent à l'universalité. Enfin la mort de Dieu a levé toute limite à l'expression de son pouvoir sur ce qui est et même sur ce qui pourrait être.

Le monde aurait-il pu ne pas être occidentalisé ? Au XVe siècle d'innombrables flottilles chinoises sillonnaient l'océan Indien …

En fait on a appelé « sociétés primitives » celles qui n'ont pas eu pour idéal de transformer l'état dans lequel les dieux, ou le hasard, les ont créés.

La mondialisation économique est moins la cause qu'un adjuvant à la globalisation, dont le moteur est la Technique et dont l'esprit est le Nombre.

La Technosmose est le moment où le vivant génère, à travers son expression la plus complexe – le genre humain – la forme de sa pérennité dans le nouveau contexte qui en est inséparable. La Technique y est à la fois son mode et sa condition d'existence. L'écosystème et le technosystème fusionnent. Ici, nous nous trouvons par-delà bien et mal. Est-il bien ou mal que l'hominidé ait adopté la station debout ? Que le coquillage sécrète sa coquille et le polype son corail ?

On peut considérer la Technique comme la boîte de Pandore d'où sortent les prétendus méfaits qui nous accablent ou nous menacent. Certains esprits chagrins s'adonnent à cette récrimination. Mais il faut s'arrêter avec un peu d'attention sur le mythe en question. C'est pour se venger d'un homme, Prométhée, qui a volé le feu – la faculté de créer –, que Zeus demande à un Titan de concevoir la belle Pandore. Le frère de Prométhée la prend pour épouse. Pour couronner cette union, le perfide Zeus offre à sa créature une boîte contenant tous les maux de la vie humaine. Il compte bien sur la curiosité de Pandore pour les libérer. Ce qu'elle fait en effet. Ici, le genre humain est à la fois Prométhée qui vole le secret de la vie, le Titan qui invente la fauteuse de trouble – en ce qui nous concerne la Technique – et Pandore la victime de sa propre curiosité. Mais il est un détail qu'on oublie. Effrayée par ce dont elle est la cause, Pandore referme au plus vite la boîte maléfique. Est restée au fond « une possibilité de la vie sur terre : l'espérance ». Il n'est pas interdit de penser que Pandore, si elle ne l'a déjà fait à notre insu, a rouvert sa boîte, et que la Technique délivre l'espérance.

Quand le genre humain a fini de savoir entièrement réparer la vie, il a commencé à la créer.

La magie est la maîtrise des forces et des lois de la nature. Le genre humain y accède.

L'un des facteurs primordiaux de l'uniformisation du monde est l'accélération que connaît ce dernier. Cette accélération est rendue possible par le couplage des centralisations et des simplifications dans les processus de son fonctionnement. La Technique induit cette simplification non pas grâce à un légendaire pouvoir magique mais par une sophistication toujours plus poussée des relais opérationnels. C'est cette hypersophistication qui confine au magique.

La technophanie attente à la bio-éco-culturo-linguo-physio-ethno… patho diversité.

La voie de disparition dans laquelle sont engagés des langues, des croyances, des arts, mais aussi des sensations, des paysages… La remise en cause de la différence sexuelle et des races humaines, les atteintes manifestes à la biodiversité, à l'écodiversité, à l'ethnodiversité correspondent dans le même temps à une explosion de la technodiversité et à une concentration inédite des énergies. Qu'elle soit déniée ou déplorée, on se trouve en situation – à la lettre – apocalyptique. L'Apocalypse, si elle achève un monde, en révèle un autre. C'est un cataclysme *et* un avènement. Cet appauvrissement du monde vécu *a priori* comme une extinction doit être envisagé, *d'avance a posteriori*, comme une simplification.

En ce sens, on peut aussi se rappeler que toute spiritualisation inclut une perte de matière *et* un gain de puissance. Le vivant atteint un niveau supérieur d'expression.

XVII

Ce que la sociologie a identifié comme « classe moyenne », et dont le caractère principal est de consommer, est l'une des figures caractéristiques du Grand Ensemble. La connotation de médiocrité qui résonne dans cette expression n'échappera qu'à ceux qui ne veulent pas entendre.

L'un des moteurs – et des tours de passe-passe – de l'occidentalisation fut d'identifier le Bien au Progrès. Puis d'identifier le Progrès à l'Égalité. Tous les indicateurs laissent à penser que l'Égalité sera bientôt identifiée à l'Unique.

L'Occident détient l'arme idéologique absolue avec son dogme du « Progrès ». Qui ne l'adopterait pas sera jugé rétrograde. Comme celui qui ne goûte pas ce que qualifie l'adjectif « contemporain » sera jugé dépassé. Enjeu certes totalitaire mais au fond transitoire, et de ce fait déjà daté.

Le global se substitue à l'universel. Le plus petit dénominateur commun à l'Idéal. L'uniformité à l'équivalence.

Il faut mettre en rapport la standardisation du monde et les réactions épidermiques qu'elle induit : revendications identitaires, communautaires, religieuses, pouvant aller jusqu'au terrorisme. Quel que soit le tragique de leurs manifestations, ces réactions sont comparables à une fièvre pour l'organisme. Une mise à niveau homéostasique.

L'égalitarisme confine à l'indifférenciation. D'où, symptôme révélateur, l'hystérie contemporaine autour des notions d'originalité et d'identité. Résultat : tout le monde semblablement singulier. Flux et reflux sont ici à leur étiage. Marginal = banal.

Uniformisation sociale : il n'est plus de discours de classe sinon entendu comme une survivance pittoresque.

Uniformisation verbale : six mille langues en activité aujourd'hui ; sans doute plus de vingt mille au néolithique. L'anglais de communication aux affaires et l'hégémonie du chiffre comme espéranto de la mue technique.

Uniformisation des « ébats intimes » – deux mots en voie de disparition – par la pornographie saturante.

Uniformisation par le bruit. Une carte des enclaves encore silencieuses est à établir. (Et à garder secrète.)

Observé sur cent millions d'années, le devenir de la roche est meuble, brûlant, liquide.

Observé sur cinquante mille, cinq mille, cinq cents ans le genre humain s'indifférencie.

Les grands programmes d'urbanisation insistent sur le traitement en masse d'un genre humain où l'égalitarisme est autant un idéal qu'un moyen de contrôle.

De nombreux dommages au divers auront été causés à force de ne pas faire le distinguo entre égalité et équivalence et en promouvant la première à l'exclusion de la seconde.

Avec l'égalité, il devient de plus en plus difficile de distinguer des adversaires. Avec la disparition des adversaires, il devient de plus en plus difficile de distinguer des alliés.

L'individu n'est plus que la forme atomisée d'une subjectivité entièrement conditionnée par la Technique. Celle-ci obtient, via le fétiche de l'argent ou via celui de la « démocratie » – entendre ici non pas la souveraineté du peuple mais l'ensemble constitutionnel qui assure la souveraineté d'une sorte de capitalisme parlementaire –, l'assentiment des individus à un pouvoir qui leur confisque l'expression de leur potentiel singulier.

La fusion que produit le dogme de l'égalitarisme attente à l'altérité. Quand l'autre n'existe pas, il y a psychose. On pourrait baptiser cette psychose le « Mêmisme ». On aime le même, le même m'aime.

On peut aussi voir le Mêmisme comme une affection intermédiaire en vue d'autres distinctions, un moment crucial d'où divergeront d'autres lignées d'individus. Le processus en cause n'est plus naturel mais artificiel et il advient de cette fusion une seule et unique lignée méthodique. En ce sens le Mêmisme n'est pas un point crucial mais nodal. Question : quelle poésie pourrait continuer à être l'épée à même de trancher tous les nœuds gordiens de la raison totalitaire ?

Les mythes nous apprennent que, jusqu'à aujourd'hui, le Même a toujours été fui comme la cause d'une extinction. Tout couple, tout duo, est formé par deux pôles distincts qui ordonnent entre eux une dynamique. La parité absolue est mortifère. Le déséquilibre anime la vie de l'univers. L'inertie qu'impose le règne menaçant du Même a un caractère fatal.

Cela dit, la scissiparité végétale est un exemple d'un Même qui génère. Et la symbiose du vivant et de la Technique qui correspond, aujourd'hui, à la Technosmose et qui signe dans l'absolu l'obsolescence des genres sexuels, revêt ce caractère d'autoprocréation végétale.

L'horizon de l'indifférenciation sexuelle est l'ultime étape de l'oubli de l'identité individuelle que requiert la mise en place du Grand Ensemble. Il s'accompagne d'une furieuse sacralisation de l'innocence et donc de la tentation de sacrifier cette dernière. Mieux encore qu'en observant l'interdit de l'inceste, on atteindrait cette innocence en s'en libérant. Au paradis de la confusion des deux sexes, les derniers diables sont ceux qui n'ont pas encore renoncé à leur genre masculin ou féminin et qui en défendant de fait une hiérarchie, ce qui est mal, incarnent une inégalité, ce qui est très mal et, pis encore, tiennent à une séparation entre les individus.

Cela dit, là aussi, difficile de juger du gain de puissance que cette simplification pourra provoquer.

Un autre phénomène majeur des cinquante dernières années est l'annexion du vestiaire masculin par la gent féminine. Cette dernière pour dénier qu'elle doit se viriliser si elle veut « égaler » la gent masculine ne qualifie plus ce vestiaire de masculin mais d'« unisexe » ou d'« unigenre ». Là aussi, signe des temps.

Ajouter incidemment que le premier intérêt que trouve le Grand Ensemble à annihiler toute séparation est de permettre la circulation de marchandises calibrées pour le Même. Sur un plan incommensurablement plus vaste, il est logique que ce qui tend, via la Technique, à abolir la mort, abolisse ce qui deviendra par voie de conséquence une inutile différence sexuelle.

XVIII

Les monarchies absolues ont suscité des révolutions qui ont déter-
miné des États nations. Ce mouvement correspondait à une perte de
diversité qui atteint aujourd'hui jusqu'aux paysages. L'armature que
constituent les voies de communication a relié de façon semblable
des ensembles urbains conçus de façon semblable.

Dans la dimension du global, les populations sont brassées.
L'immigration économique se conjugue aux exils politiques, aux
déportations ethniques, aux exodes écologiques. Le Paria, figure
transitoire de la mue du monde.

Avec le Paria, la Foule est une des figures de la mue du monde.
Baudelaire la rencontre, puis Freud, Ortega y Gasset, Adorno, Broch,
Canetti l'analysent quand elle se fond à l'idée de « masse ». La foule
est l'un des faits de l'urbanisation caractéristique de la Technosmose.
Elle est anonyme, homogène, tyranniquement servile.

L'absence de voies de communication correspondait à une pluralité des langues. La saturation de ces voies dans l'espace rentabilisé de la planète correspond à l'émergence d'une seule langue : l'espéranto anglais, mais plus profondément le langage des chiffres.

Prépondérance de la question de la logistique dans la dimension du global. Cette science des combinatoires, qui consiste à coordonner l'activité économique ou scientifique, est centrale dans le processus d'homogénéisation du monde.

Pour Claude Lévi-Strauss, l'idéal de vie des Bantous n'était pas ceux des Sioux, n'était pas les nôtres. Les choses ont changé de nos jours. Ce ne sont pas les mêmes expériences qui étaient retenues pour traduire la réalité. Il en résultait des langues, des religions, des arts, des logiques spécifiques. Cette différence de rapport au monde fut sans doute d'abord géographique : relief, climat, faune et flore.

L'unification du genre humain se fait par l'identification de l'individualisme à l'uniformité. L'un des indices de la perversion du système.

Disparition des caractères singuliers sur les plans physiologique et culturel. Acquisition d'une fluidité, d'une plasticité, d'une efficacité sociales.

L'uniformité ne va pas sans conformisme. Validé par la Société – comme tout ce qui la fait paraître le contraire de ce qu'elle est –, domine par exemple aujourd'hui un conformisme de l'anticonformisme.

Ce n'est pas parce que le monde n'a jamais été aussi *étroit* et uniforme qu'il n'est pas plus fourmillant, plus débordant. Maelström d'un nouveau type.

L'homogénéisation est le fruit d'un même désir conditionné à l'échelle planétaire. Celui, matérialiste, du confort et de la consommation de ce confort.

Un goût normé est l'effet du dressage par la consommation.

L'uniformité de l'informe. Au plan vestimentaire global : jean, tee-shirt, sportswear… Corps inhabités dans des vêtements sans « tenue ». D'autre part, souci pavlovien de « la mode ».

Même les guerres égalisent. La Seconde Guerre mondiale a donné Bruxelles en Europe, la guerre froide la panéconomie-de-marché. La guerre de Sécession américaine a montré l'exemple à tous les régimes démocratiques : la fédération. Des modèles sont en cours d'élaboration autour des monnaies mondiales, genre de consortiums politico-bancaires.

Galilée exclut le genre humain du centre de l'univers, Darwin du centre du règne animal, Freud du centre de son esprit. Dans le même temps, la notion d'individualisme apparaît et gagne en importance. Déni ou compensation ? Hypnose de la Société à ses opérateurs : « Vous êtes uniques », et ses opérateurs de répondre *comme d'un seul homme* : « Je suis unique. »

L'état d'exil est l'état typique de la mue du monde. Un exil non seulement géographique mais aussi historique, métaphysique, cosmique et biologique un jour, qui sait ? Horizons biosophiques.

Moins le Replicant de *Blade Runner* qui désespère de s'humaniser, qu'un genre humain qui s'extramondialise, non sans déchirement.

Je regarde en bas, sur terre, par le hublot. Les torchères des puits de pétrole rugissent leurs flammes dans la nuit. Ponction de l'hormone de croissance.

XIX

On prétend que la compagnie aérienne Emirates est la meilleure du monde. Seulement les hôtesses portent le hijab. Le puritanisme occidental est un politiquement correct. Le puritanisme oriental est un religieusement correct. Dans les deux cas il s'agit de contrôler le désir. L'hypocrisie en ce domaine retourne en morbidité la violence inhérente au désir : pornographie et frustration.

Entre 1973 et 2002, les revenus pétroliers des Émirats arabes unis se sont élevés à deux mille milliards de dollars.

Il y a deux cents millions d'années, la région se situait au fond d'un océan peu profond et chaud. Les dépôts organiques accumulés ont glissé dans des poches de roche où la pression et la chaleur du magma proche ont fait macérer les houilles. Il y a cent quatre-vingt-cinq millions d'années, l'eau se retire au moment où la Pangée se disloque. Et dans deux cents millions d'années, quel visage aura la surface terrestre, et à partir de quelles matières vivantes tirera-t-on quelle énergie ?

Les besoins en énergie fossile vont augmenter de 40 % d'ici à quinze ans. L'Arabie saoudite fait construire seize centrales nucléaires. Plusieurs dizaines vont éclore en Chine. Dans le même temps, avec l'emploi du gaz de schiste, la quantité des réserves énergétiques, gardées secrètes pour des raisons de spéculation, a décuplé. Tant que la puissance économique exigera la consommation d'énergie, le danger du réchauffement de la planète restera un alibi pour maîtriser la concurrence des pays émergents. Comme le danger de cataclysme atomique est l'alibi des pays possesseurs de la Bombe pour conserver leur domination géopolitique.

Quelle part a l'argent du pétrole dans la « santé » de l'islam ? Si le golfe Persique était catholique, que serait l'islam aujourd'hui ? Les pays arabes sont sous perfusion des pétrodollars du Golfe. Les Saoudiens soutiennent les salafistes, le Qatar et Abou Dabi les Frères musulmans. L'affrontement vise à l'hégémonie sur l'Islam sunnite. Entre eux deux, alliance objective pour dominer l'islam chiite de l'Iran qui n'a pas de petites ambitions.

On pourrait dire que les sociétés industrialisées sont « accros » au pétrole. Dépendance et hantise du manque les caractérisent. Mais le pétrole est-il une drogue ou une sève ? Le corps est-il « accro » au sang ?

La vapeur, l'électricité, les hydrocarbures, le nucléaire. Et après ? On parle de l'hydrogène.

Ponction, raffinement, distillation, puissance. C'est un processus qu'à une autre échelle de sa spiritualisation, selon le protocole de sa simplification, le genre humain suit.

L'électricité est une force terrestre abstraite. Le carburant aussi, plus primitive encore. La radiation, parce qu'elle provient d'une dimension infinitésimale, est en rapport avec les sphères interstellaires. Elle est le signe avant-coureur des énergies sidérales ou chimiques qui permettront un monde où une nouvelle conscience aura été prise de l'espace et du temps. Le cerveau, *terra incognita* du monde sans plus d'« Ailleurs ».

Le cerveau est le fœtus d'une conscience que le genre humain porte en gestation dans son crâne.

XX

À quarante kilomètres au-dessus de moi, la couche d'ozone est mise à mal depuis une cinquantaine d'années. On prévoit qu'il faudrait moins d'un siècle, un clignement d'œil, pour détruire ce qui a mis quinze millions d'années à se constituer, après le précambrien.

La technique de l'âge classique manipulait des grandeurs relatives au monde corporel visible. Elle s'en tenait à la surface des choses. Depuis, elle a pénétré la matière jusqu'au niveau atomique et cellulaire. Elle peut modifier les formes de l'inerte *et* du vivant. Conséquence : la possibilité de changer l'environnement avec des substances dont ce dernier ne peut venir à bout. Au risque de dévastation mécanique s'ajoutent ceux de l'empoisonnement biologique, de la mutation génétique. Ainsi l'homme aura eu raison de la nature.

Hans Jonas a pris la mesure de ce franchissement de cap. La liberté du genre humain a accru ses connaissances. Ses connaissances ont accru sa puissance. Du point de vue de l'auteur du *Principe de respon-sabilité*, cette puissance exigerait maintenant de restreindre sa liberté.

Pluies acides, sang contaminé, avoirs toxiques. Peut-on entendre les résonances ?

Les éléments érodent la planète. La Technosmose érode les éléments.

La Technique a fait passer le genre humain de l'état de sujet de la Nature à celui de maître de la Nature. Les responsabilités qu'il se donnait s'étendent. Apparition du crime d'écocide.

XXI

La chaleur est si intenable dans la navette qui me mène de l'aéroport à mon hôtel qu'en sirotant mon coca je me surprends à penser que même les glaçons sont chauds.

En arrivant à l'hôtel, je m'assois dans le patio et j'écoute une fontaine murmurer son plaisir de joaillière.

Beauté me manque. Inutile de jurer l'exclusivité à l'être aimé. Lui faire la surprise.

Le front de mer d'Abou Dabi ressemble à celui de Miami ou de Taipei. *Skyline* pareil à un code-barres derrière lequel s'espacent des bunkers cinq étoiles et des blockhaus plaqué marbre. La ville a l'air d'un immense quartier d'ambassades.

Coup de génie de la dimension peuplée verticale. Certes la population mondiale augmente, mais l'espace utilisable avec elle. La résonance du mot « espace » est à entendre. L'exploitation de l'espace terrestre va de pair avec l'exploration de l'espace extraterrestre. Silverberg dans *Les Monades urbaines* a su donner une forme romanesque à cet événement.

Les couleurs voient trop grand. Les façades bombent le torse. On dirait que l'on passe l'aspirateur sur le velours des avenues – ce que j'ai vu faire de nuit sur le tarmac de l'aéroport de Dubaï lors de l'escale vers le Vietnam avec Lady L. Ce n'est pas fait pour jeter sa spontanéité à la face de l'instant ici.

Ce furent des chasseurs qui fondèrent cette ville. On songe à Héraclès, ou à Gilgamesh, qui fonda Ourouk. Les chroniques de Babylone mentionnent Enkidar qui tuait les loups pour que les bergers puissent dormir.

La religion a joué un rôle crucial dans cette nouvelle organisation de la société. Sans l'appui des prêtres, jamais le prince chasseur n'aurait acquis son autorité.

Le village sera de l'ordre du féminin. Accueillir, protéger, nourrir exige les formes rondes propres à la maternité (on serait aujourd'hui en devoir d'ajouter l'adjectif « traditionnelle » à maternité). Fours, huches, citernes sont récurrents. L'« enceinte » était promise à la disparition, on le voit dans les manifestations urbaines de la Technosmose : mégapoles, protopoles. Et la disparition de l'ordre féminin de « l'enceinte » n'est pas un hasard quand c'est à l'horizon de la procréation artificielle que la Technosmose s'inaugure.

L'abandon progressif de l'inhumation par les sociétés occidentales a débuté à l'époque des premières fouilles archéologiques et des premiers siphonages de matières fossiles. Le déni de la mort, la profanation par intérêt scientifique, puis l'extraction de l'énergie.

Le nomadisme des peuples chasseurs était ponctué par les signes du respect des morts et de leur culte. La première résidence au paléolithique est celle des morts : tumulus funéraire. La cité des morts est antérieure à celles des vivants. La métropole commence après la nécropole.

C'est l'inhumation qui fonde. C'est à partir de l'enterrement qu'on érige.

L'agriculture du néolithique a permis à la population terrestre de croître et de produire d'autres rôles sociaux que ceux du chasseur ou du cueilleur. La conurbanisation de la planète a tendance à réduire le nombre de fonctions de ses opérateurs.

XXII

Je petit-déjeune à l'aube. À l'autre bout de la salle, l'homme au regard de vase que j'ai repéré cette nuit entouré des filles inavouées de la boîte de l'hôtel.

Je connais des jours sans quotidien, ceux que je vis avec Beauté. L'intimité est un trésor dont nous avons la carte. Les heures ne se laissent rien dicter. Pas un plaisir de consigné. Chez elle, le mobilier violent ce sont nos accouplements.

Les Émirats arabes unis écologistes sont raccordés à un monde où tout veut dire son contraire, où l'eau sèche est à l'étude et où la mort vivante est appelée « quotidien ».

Comme il existe toute une activité économique fondée sur ce qui est très vite devenu un atout de marketing, le « bio », il se met en place une branche économiquement porteuse de l'urbanisme et de l'activité énergétique qualifiés de « verts ». Masdar en est – à voir maintenant dans quelle mesure – la preuve. Ruse du capitalisme de se développer au nom de ce qui le critique.

Masdar sera construite en dix ans. La protopole ne naît pas d'un événement. La protopole n'est pas une histoire. Les siècles ne la génèrent pas. Ville instantanée.

Résidences parallélépipédiques des régions du globe où la pluie et la neige ne sont pas à craindre. Les jardins qu'on devine derrière les murs hérissés de caméras sont des enclaves vertes dans les avenues de poussière et de sable dont les travaux d'aménagement semblent arrêtés depuis toujours.

Les hommes portent la gandoura, la robe blanche, et sont coiffés du keffieh blanc. Les femmes portent l'abaya noire. Coiffées du hijab, les plus rigoristes revêtent le niqab qui ne laisse apparaître que les yeux. C'est à ces vêtements que je reconnais les Émiriens de souche. Très peu nombreux vu la proportion d'étrangers.

Indifférence de la population locale au luxe de leur quotidien et aux installations qu'induit la rente du pétrole. Dans la « lampe merveilleuse » brûlait déjà cette huile puissante. Une fois qu'Aladin a compris comment s'en servir, il devient « l'employé » du génie. La puissance fait son agent de celui qui la délivre. À la rigueur, elle le rétribue d'un semblant de pouvoir.

Le quartier des pêcheurs, les maisons coloniales encore sur les photos des années 1970 ont fait place aux constructions de style international.

Terrains vagues et meringues colossales. Entre Stalingrad 1970, Miami 1980, Benidorm 1990.

J'avance dans le bleu entier du hasard, le cœur en escadrille. Mais la mer est une sorte de pédiluve géant. Des marinas en forme de bateau, des îles en forme de palmier, des lotissements en forme de mappemonde. Misère de la redondance. Quoi de plus sinistre qu'une féerie trafiquée ?

Le flegme apparent des Émiriens est l'un des atavismes du désert. Ce peuple vivait de peu dans le souffle aride du jour et sous l'acier des nuits. Il passait de profil sur l'horizon avec la lenteur d'un chat de fresque. Mélange, par rapport à leur enrichissement récent, de désinvolture et de caprice d'enfant gâté.

Je visite d'immenses *shopping malls* où les Émiriens peuvent passer des journées entières. En un seul bâtiment qui devient central, tout un pays rattrape le temps perdu sur la « modernité » en sacrifiant à son culte standard et anxiolytique : la consommation.

Dans ces *malls*, la vie géniale et sage, la vie à la lumière fruitée est comme soumise à quelque expérience de laboratoire qui lui retourne les sangs. Lavage de cerveau dans les camps de consommation.

Le plus beau des palais, fermé à double tour, devient une prison.

XXIII

Lumières surpuissantes des mégapoles dans la nuit. Rayonnement planétaire des matières fossiles et fissiles électrisées. Ciel enflammé. Lueurs à la Monsù Desiderio. Frisson de cataclysme, d'apocalypse.

L'interlude du genre humain au moment de la mue du monde est corroboré, au sens littéral, par une inversion des lumières. Avec l'énergie, l'obscurité est bannie. Et les ténèbres sont d'un autre ordre, spirituelles.

La Bruges médiévale – la New York de la Renaissance – comptait soixante mille habitants. Elle était isolée dans la nature.

New York demeure une métropole. Les terroristes, qui ont le nez creux, lui ont sanctifié son « centre » en le classant « centre historique » à coup d'avions-suicide. Ground Zero. Elle est cosmopolite. Population mixée et redistribuée par castes de revenus et de technologisation. Sa beauté est la promulgation en volumes fulgurants d'un esprit élevé : elle fut érigée comme une issue au vieux continent qui courait à l'abîme de la barbarie stalino-hitlérienne. Statue de la Liberté, Freedom Tower. New York, *notre* Venise.

D'un point de vue purement plastique, les deux tours du World Trade Center partant en fumée le 11 septembre 2001 avaient la beauté fatale de deux champignons atomiques plantés dans Manhattan. Alors, on peut s'aventurer à se rappeler que ce furent les États-Unis justement qui larguèrent, à tort ou à raison – et à la suite du projet Manhattan… – les deux seules bombes atomiques de l'Histoire sur des populations civiles. Ce faisant, ils enfreignaient le tabou du code de guerre qui consiste pour deux ennemis à ne s'affronter que sur champ de bataille par effectifs militaires interposés. Ligne franchie : le terrorisme à grande échelle était rendu possible. Des civils, des décennies plus tard, s'attaqueront à ce pays prestigieux en déclenchant à quelques minutes de distance un Hiroshima et un Nagasaki sur son centre financier, c'est-à-dire sur le symbole de sa puissance. Au-delà de toute autre considération morale ou politique, sous l'angle esthétique d'abord, puis sous un angle plus freudien que les assassins ne le seront jamais : retour du refoulé à l'envoyeur.

Dans un monde inconscient, c'est la conscience qui est refoulée.

Incontestable facteur suicidaire dans le terrorisme. De fait il ne faudrait pas se tromper sur ses fins véritables. Avant d'être l'éventuelle expression d'un David miséreux contre un Goliath suffisant, la réaction religieuse coïncidant avec l'amorce d'entropie qui touche le règne global du matérialisme, ou la marque d'un prosélytisme fanatique qui laisse coi un Occident désenchanté, le terrorisme est la surenchère d'un absolu, celui de la Mort, contre un autre, celui du Bien. À ce compte, le camp du Bien va perdre car il n'entre plus dans ses pratiques de se sacrifier. Supériorité du kamikaze sur le gardien de la paix, du pervers sur l'honnête homme. Conséquence : l'ascendant que prennent ceux qui ne s'embarrassent pas de moralité, et les bombes humaines sans frontière qui ne s'embarrassent pas d'instinct de survie.

Avant la *Conquista*, Mexico était une ville de canaux. Avec une immense pyramide en son milieu. Les Espagnols stupéfiés ont voulu nier cela. Écrasés par cette grandeur plus symbolique encore que physique, ils l'ont rasée.

L'homme au regard de vase est le sosie de Roy Scheider, le garde-côte des *Dents de la mer*. Il me dit qu'il est organisateur d'événements sportifs. Je le crois marchand d'armes « en *clearing* », ou espion « au vert ».

XXIV

En 1929, la crise économique sévit. Les perles de culture japonaises, industriellement produites, coupent la principale source de revenus d'Abou Dabi. Pendant vingt ans c'est la misère. Des compagnies pétrolières britanniques vont prospecter jusqu'en 1959 avant que l'or noir jaillisse. Pactole. Le mythe veut que cette rivière, le Pactole, charriât des paillettes d'or après que le roi Midas qui transformait tout ce qu'il touchait en or s'y était lavé les mains pour se débarrasser de son don : il ne pouvait plus rien manger ni rien boire. Quel pouvoir en retour touche ceux qui possèdent le moyen de posséder ?

La « crise » continue, qui se déclare en 1929 et qui n'a plus cessé, est un terme qui s'applique aussi à la physiologie. Dans ce cas, c'est la manifestation aiguë d'une maladie dans un organisme. Le processus suivi à l'échelle des politiques (bancaires) mondiales n'est pas d'éliminer la maladie mais de modifier l'organisme pour que la maladie soit sa santé même.

Contrairement à ce que voudrait le « bon sens », la crise financière déclenchée depuis 2008 n'est pas l'occasion d'un changement de donne économique mais celle d'un tour de vis supplémentaire du système bancaire international. La cause des problèmes du capitalisme sauvage relèverait moins de cette sauvagerie que des dernières contraintes qui pèsent sur elle et la restreignent. Résoudre la crise, c'est donner enfin libre cours à cette sauvagerie. Qu'elle puisse aller au bout de sa nature sans être contrariée. L'équilibre serait alors retrouvé grâce au respect, en ce sens, d'une certaine justice. Les gouvernements, de l'Occident à l'Orient, s'y emploient, quoi qu'ils disent. Il n'est plus temps pour le torrent d'être les ruisseaux qu'il fut.

Dans le parc de l'hôtel, un homme de type caucasien – pour ne plus dire « de race blanche » –, écouteurs aux oreilles, une cinquantaine d'années, l'air crevé, avachi dans son survêtement, vient sauter sur le trampoline des enfants pendant une dizaine de minutes. Le personnel le surveille du coin de l'œil, légèrement inquiet.

Le matin à l'aube, un jogger suit son ombre comme son ombre. C'est peut-être moi.

J'ai remarqué qu'à l'hôtel le porno n'est pas accessible sur Internet (pas plus que l'indicatif téléphonique pour Israël). Quand je songe à la saturation de l'Obscène stéréotypé avec laquelle la Société neutralise la force inflammable des désirs, je me dis que malgré ce dernier signe de puritanisme (très modique : je viens de comprendre qu'une chaîne payante porno est quand même accessible), le vrai nouveau Tartuffe de notre temps dirait : « Cachez cette pudeur que je ne saurais voir. »

Luxe inouï des installations, des volumes, des matières, partout dans la ville. On paie désormais ce qu'il y a (avantages, biens, abondance de choix), mais aussi ce qu'il n'y a pas (foule, bruit, chaleurs, pauvreté).

Effigie du cheikh Zayed partout dans la ville, y compris sur les vitres des 4 x 4 des particuliers. Archaïsme de cette personnification du pouvoir. Le contremaître, c'est la masse désormais, et le maître l'esprit de la Technique, le Nombre que le genre humain « logosynthétise ».

Jean-Marc P. m'a écrit un très beau sms à propos de mon dernier livre. Je le garde sur moi pour aller de l'avant. Comme une lame pour se frayer un souffle.

Le désert aux portes de la ville est un des rares paysages au monde qui serait à peu près le même depuis quatre mille ans. Au vu des antilopes et des lions gravés sur les tombeaux circulaires d'Umm an-Nar, il faut imaginer la savane à la place de ces échines de dunes. Comme autour des pyramides de Gizeh …

XXV

Émotion à l'approche de Masdar, j'approche des lieux du crime de notre monde, enfin, plutôt de la scène primitive du prochain. De grandes affiches donnent à voir ce que sera la ville : luxe, calme – pas de volupté. Les slogans annoncent la couleur : « *Where business and pleasure meet* », « *Renovate yourself* ». Les travaux ont bien avancé depuis 2006. Le campus, les laboratoires, le réseau des modules à piles au lithium avec lesquels on peut se déplacer sont paraît-il achevés. Le chantier s'étend sur les trois kilomètres carrés d'une ancienne palmeraie. Les infiltrations dues à la proximité de la mer obligent à asseoir la cité à neuf mètres du sol sur une forêt de pilotis qui plongent à quarante mètres de profondeur.

C'est le bureau d'études de Norman Foster qui a conçu le projet de la « ville durable ». Il est désormais, dans la novlangue qu'emploie le monde en mue, quelques perles éclairantes. On entend bien tout ce qui est révolu dans la dimension où il n'est plus question d'être ou de devenir mais où l'enjeu, aux consonances poignantes, est de « durer ». Quand il s'agit de faire que la durée elle-même soit durable, on se dit qu'il est minuit moins une.

Foster a eu Buckminster Fuller pour maître. C'est à la fin de sa vie qu'il ose entièrement suivre la leçon visionnaire de l'auteur du grand *Manuel d'instruction pour le vaisseau spatial « Terre ».*

Le chantier lui-même, pas simplement la ville future, doit répondre à l'objectif zéro carbone (émission de CO_2 neutre), il doit être « éco-efficace », « vert », et rapidement « durable » j'imagine. En sortant du taxi, au pied du Masdar Center où les visiteurs sont accueillis et vers lequel je me dirige, j'accéderai au district déjà construit. Environ un cinquième de l'ensemble prévu.

Je n'avais jamais vu un chantier dressant ses grues, ses bulldozers mastodontes s'étendre ainsi *jusqu'à l'horizon.* Greffe de peau synthétique sur l'épiderme du globe ou bien encore coagulation de sa nouvelle écorce.

Les outils les plus volumineux du genre humain, les plus « titanesques » pour reprendre un concept du sage Jünger, sont désormais ceux qui permettent à l'homme de faire la guerre ou ceux avec lesquels il élabore son urbanisme. Au cœur du chantier, on est comme au milieu des lignes de front d'une artillerie très lourde. La force qui construit est équivalente à celle qui détruit.

L'envergure des travaux correspond à une échelle de science-fiction. On songe à l'édification d'une base spatiale. Et l'on ne sait pas si ces travaux sont menés à bien par des créatures déjà extra-terrestres ou bien s'ils sont la ville éprouvette d'un genre humain qui mûrit son exode.

XXVI

Chaque bâtiment doit être un écosystème autonome. Le coefficient d'isolation des façades est particulièrement important, car la climatisation est l'une des causes principales des dépenses d'énergie. Une première couche en téflon empêche le sable et la poussière d'adhérer. Puis une feuille de papier aluminium réverbère la chaleur en éclairant les ruelles du reflet de la lumière qui frappe. Enfin un panneau hermétique isolant est appliqué au mur, qui est lui-même constitué de quatre couches. Un mélange de sable et de béton armé de fibre de verre protège des rayons directs avant que trois parois d'isolant en cuivre recyclé dévient la chaleur. Toute la ville est orientée sud-est/nord-ouest. C'est la seule recette ancestrale, avec l'utilisation des moucharabiehs et de la tour de vent, que les architectes aient employée.

La tour de vent augmente le potentiel de fraîcheur dans les rues en créant des courants d'air. Son éclairage signifiera chaque jour les résultats de la consommation carbone. Bleu = positif. Violet = neutre.

Rouge = négatif. Le CO_2 est la cause majeure du réchauffement de la planète et le résultat de la consommation des énergies fossiles. Le gaz mortel, l'asphyxie se sont inscrits comme une hantise dans l'inconscient collectif des pays industrialisés depuis les deux guerres mondiales, avec des résonances différentes.

Les habitants de Masdar auront intégré et même *désireront* des lois et des sanctions qui auraient été perçues comme rébarbatives à des citadins classiques. En cela la logique de la communauté globale en devenir est d'ordre sectaire.

Les panneaux solaires sur les toits des résidences dirigeront l'air chaud du jour vers des convecteurs. Après une nuit de rétention, l'air rafraîchi est remis en circulation.

Les panneaux solaires sont mobiles comme des paraboles de radar ou bien comme des rampes de missiles sol-air.

La disposition des bâtiments qui visent à ménager le plus d'ombre possible devrait participer du microclimat artificiel de Masdar.

Le centre d'études a une forme de carapace de tortue géante, dont chaque écaille serait une plaque photovoltaïque. Dans ce premier bâtiment achevé, on peut voir un hommage aux grandes cités arabes qui, depuis Babylone jusqu'à Tolède, placèrent le savoir en leur centre. Mais il s'agit sans doute d'un clin d'œil dont l'Anglais Foster a eu l'idée. Il a écrit quelque part : « Ce pont n'enjambe pas la rivière, il relie deux rives. » J'aime ce genre de « détournure » d'esprit.

Les bâtiments auront des parois doublées d'argon. Les modules de déplacement sont pareils à des œufs de téléphérique, mais sur coussin d'air. Un autre slogan, sur la place où des panneaux indiquent les directions du centre commercial et des salles de prière : « *We are never too far away.* »

Une ville sous vide mûrit au rythme non pas historique des architectures classiques, mais selon les rythmes économiques et idéologiques que l'écologie conjugue. On n'y flânera pas. On ne s'y perdra pas. On n'y mourra pas. Qu'y vivra-t-on ?

Partout le vacarme est continu, régulier dans sa gamme de fracas et de percussions. Adjacente au chantier, une ville-dortoir pour les deux mille ouvriers employés sur le site. Ils travaillent onze heures par jour, six ou sept jours sur sept. Ils sont nourris et blanchis, dépensent cinquante euros par mois et en gagnent deux cents. Ils se rendent en navette sur le théâtre des opérations. Ils ne peuvent changer d'entreprise sans l'accord de leur direction et comme pour tout le petit personnel des Émirats, c'est leur patron qui détient leur passeport. L'esclavage est la condition du pharaonisme. Et l'impersonnalité de ses agents, celle du fonctionnement de l'organisme social.

Malgré la mosquée des *Mille et une Nuits*, aux dimensions invraisemblables, ouverte à Abou Dabi l'année où fut lancé le projet Masdar, sentiment que l'islam est ici autant une religion que la religion du refus du refus de la religion. Une réaction à la laïcisation du monde qu'a induite la superstition de la raison occidentale.

XXVII

Je m'aventure dans les profondeurs de ma tête et me saisis d'opérations assez tranchantes pour tailler dans la matière grise les couleurs à rendre aux choses. Je regarde les coupoles de la mosquée prodigieuse. À la différence du fantastique, le merveilleux est familier au genre humain.

Si les mesures écologiques permettaient une augmentation de la compétitivité, tous les pays les entérineraient. Il semble qu'elles demeurent aujourd'hui un frein à la croissance. Il faudrait des démocraties avec des élections tous les cinquante ans, suivant un rythme non plus économico-médiatique mais biologique, pour que s'y déploient des programmes politiques qui ne s'en tiennent pas à la gestion de portefeuille.

La propagande du « durable », du « renouvelable » consiste en réalité à éviter le pire sans renoncer aux logiques qui y mènent : celles de la consommation et de la production.

Le principe éthique de la modération peut mener loin. L'ordre de l'économie de marché est fondé sur l'idée de croissance. Pour saper ce dogme à la racine, il faudrait contrôler – et supprimer – jusqu'à la croissance démographique.

Le genre humain ne consomme plus seulement ce qui peut se régénérer mais ce qui s'épuise dans la nature. Nul ne songe à ce que le genre humain génère d'autrement *régénérable* en épuisant ce qui ne se renouvellera pas naturellement. Ce que l'artificiel génère se régénérera artificiellement.

La croyance des Lumières en l'adéquation du progrès technoscientifique et de l'avancée morale et sociale du genre humain a fait long feu. Il se trouve qu'en période de jonction, les abus, les souffrances sont plus vifs et de plus grande ampleur. La naissance est un passage difficile.

Le pessimisme planétaire est imbibé d'inquiétudes écologiques. Le mal n'est plus le fait d'un diable jaloux ou d'un Dieu mécontent de sa création, mais d'un genre humain inconséquent avec « mère Nature ». Prométhée a mis le feu au monde. C'est une des conséquences du fossé qu'a approfondi le genre humain avec le reste du règne animal et avec les deux autres bien sur. Cette séparation ne va pas, là aussi, sans mélancolie. Cependant, un regard qui se porterait au-delà de la crête du temps saurait peut-être *voir* ce moment de la Technosmose où le naturel génère un artificiel qui *génère* à son tour du vivant, comme partie prenante d'un processus de maturation.

Comme les ressources en énergie du globe sont exploitées au point de menacer leur renouvellement, l'état d'urgence est déclaré. Mais a-t-on un instant imaginé que si l'humanité dilapide ainsi ses stocks, c'est qu'elle n'en a plus besoin, c'est qu'elle sait « d'instinct » qu'elle n'est déjà plus une « humanité » mais *autre chose* qui a accumulé les techniques lui permettant de se passer d'un environnement déjà inutile ?

Dans son essai intitulé *Effondrement*, Jared Diamond évoque huit processus participant de l'anéantissement des civilisations anciennes : la déforestation et la restructuration de l'habitat, les problèmes liés au sol, la gestion de l'eau, la chasse excessive, la pêche excessive, l'introduction d'espèces allogènes, la croissance démographique et l'impact humain. Nous remplaçons certains de ces facteurs par d'autres dommages environnementaux pour présumer de la fin de l'humanité. Or on pourrait prendre à contre-pied cette doxa en supposant que nous n'assistons pas à une disparition de nos sociétés mais à une conjonction de celles-ci pour l'avènement d'un spécimen nouveau d'être vivant, et cela sur une échelle de temps moins grande que celle qui nous a vus nous lever sur ce qui était nos pattes arrière.

XXVIII

Par-delà Nature et Technique, la pensée de l'Horizon.
Là où le crépuscule est une aurore.

Pendant son voyage en Italie, c'est la Sicile qui électrise Goethe. Parce que c'est la Grèce dans la Sicile qu'il rencontre. Il songea à écrire une tragédie alors, qui aurait eu Nausicaa comme figure centrale (point de non-retour, puisque c'est à elle qu'Ulysse doit son salut et peut repartir). Son projet s'en tint là. A-t-il senti que sa poésie devait trouver une autre forme pour dire ce qui advenait et non ce qui était révolu ? Il reprit son *Faust* qui est un poème de l'âge machinal. Villiers de L'Isle-Adam s'en souvient dans sa prodigieuse *Ève future*, via *Frankenstein* de Mary Shelley.

Comme certains animaux pressentent les catastrophes naturelles, le genre humain pressent peut-être la catastrophe artificielle et se prépare une vie adaptée à ses nouvelles conditions. Notre rationalité nous a appris à voir l'évolution de la vie humaine comme l'histoire d'une adaptation. Doit aussi entrer dans cette analyse l'hypothèse, à l'échelle du vivant, d'une histoire de la *préparation* qui trouverait une analogie dans le processus de la gestation. À quelle semaine de grossesse du Vivant correspond la phase de l'hominisation ?

Le puritanisme écologique induit une morale de la pureté qui trie le bon grain de l'ivraie. Dangereuse prétention. C'est le même monde qui naturalise la nature et promeut les « réserves naturelles ».

La réduction des libertés individuelles va dans le sens des économies d'énergie. Or la physique fondamentale nous a appris que tout est énergie.

Une particulière sensibilité à la question écologique, aux méfaits de la technique, s'exprime dans les œuvres de Heidegger, d'Anders, d'Arendt, de Jonas. Ils insistent sur les conséquences de la Technique. Il n'est pas indifférent qu'ils soient tous les quatre allemands et qu'ils procèdent d'une génération qui a vécu ce à quoi peuvent mener, jusque dans l'assassinat de masse, les délires logiques du panrationalisme. C'est pour cela et pour la menace des Pershing et des SS-20, que l'Allemagne est le pays en Europe où la question écologique a été la plus active. De même, le Japon est aujourd'hui sensibilisé à la question des conséquences de l'essor technique. Il en a subi le cataclysme avec les bombardements atomiques et avec le drame nucléaire de Fukushima – passage révélateur de la catastrophe naturelle à la catastrophe artificielle. Ces deux pays avaient, au XIXe siècle, été le cadre de pensées particulièrement intenses au sujet de la Nature. Les romantiques allemands placèrent la Nature au cœur d'une métaphysique qui pressentait déjà le pas qu'allait faire franchir au vivant son arraisonnement technique. Quant au Japon, l'industrialisation accélérée favorisa un mouvement ultra-hygiéniste d'ampleur nationale.

Ruways, à l'ouest de Liwa, au sud du désert, accueille la plus grande raffinerie du pays. Le pétrole stocké dans des réservoirs spéciaux est acheminé jusqu'aux tankers situés à cinq kilomètres au large. Alors les hormones de croissance sont injectées dans les tissus du monde global.

XXIX

L'esprit au cœur du verbe.
Le temps au cœur de l'espace.
L'univers au cœur de la lumière.
L'énergie au cœur de l'atome.

Dans les laboratoires, on cherche à dépasser les vieilles techniques de la libération d'énergie fondées sur l'exploitation des hydrocarbures. Pour eux le règne des explosifs fossiles est dépassé. Dans les installations de Cadarache, les physiciens du programme Iter travaillent à maîtriser la fusion nucléaire, à traiter l'hydrogène.

Quelle destination pour un nouveau véhicule ?

Quel pouvoir pour une nouvelle puissance ?

La porte de l'infiniment grand s'ouvre dans l'infiniment petit.

La porte du temps s'ouvre dans l'intemporel.

Il est un peu vain de craindre l'épuisement des sources d'énergie puisque au moment de leur tarissement les techniques qui y recourent auront été dépassées. Là encore, ce qui consomme de l'énergie donne lieu à une conversion. Il y a gain quantitatif mais aussi saut qualitatif.

Le désert a quelque chose d'inquiétant. Mais comme le serait son contraire, un pays de Cocagne : profusion de la corne d'abondance. Quand bien même dispenserait-elle des délices, elle contreviendrait à la dimension humaine. Ce serait comme une grimace folle. L'harmonie est l'union de l'ordre et du déséquilibre. En son centre, rien, ou peut-être un mystère qui permet, invente, le mouvement. Circularité des galaxies dans l'espace plan, point de flexion du genre humain qui accède à la station verticale. Point de non-retour.

XXX

J'avais envie de discuter avec des responsables du projet et j'ai pensé que la meilleure solution était d'y aller au culot. J'ai trouvé le réfectoire des cadres à l'heure de la pause. Je me suis mis dans la file du service mon plateau à la main. J'ai tenté de lier conversation avec le type qui faisait la queue devant moi, mais c'est la « responsable carbone » derrière moi qui m'a répondu en me disant, comme si elle me l'apprenait, que je ne fais pas partie de l'équipe.

Queue de cheval et tenue saharienne-pantalon *casual*. La « responsable carbone » est une de ces premières de la classe qui ont suivi trop loin leur plan de carrière pour ne pas repousser tant que possible le moment de vérifier que le bout du tunnel d'heures sup' qu'elles creusent depuis dix ans s'ouvrira du côté « trop tard » de l'amour. À l'écouter, j'ai compris que Masdar a « une approche holistique des énergies renouvelables et des technologies propres ». Ensuite je n'ai pu capter que quelques mots parmi le flot qui jaillissait de sa bouche :

« Solatube, lithium, bromide, *Sopogy-Mirroxx-Broad double-effect absorption chiller*, nitrogène, *data trunking, highly sealed, lightweight frame…* » Dans le même temps, elle évoque le modèle traditionnel de la médina utilisé par Foster.

On monte dans son 4 x 4 – elle rit quand je lui dis que j'imagine que nous roulons au solaire –, et elle me fait faire un tour du chantier. La construction par phases de la ville permet d'adapter les travaux aux progrès des techniques en rapport avec son exigence écologique.

Le chantier est comme un test grandeur nature qui doit pouvoir attirer des pays désireux d'achever une « ville verte » clés en main. Toutes les recherches initiées par les laboratoires de Masdar déjà en activité doivent être rentables.

Elle est responsable du faible coût en carbone des travaux, des économies d'eau effectuées, de la recyclabililité des matériaux employés. Ce dernier paramètre fait songer que Masdar est une ville à durée déterminée autant que renouvelable.

Les *open space* des bureaux seront fournis en plantes vertes qui absorberont les toxines dégagées par les ordinateurs et les moquettes. L'énergie produite pendant les tests des panneaux solaires est utilisée par le réseau électrique local. Elle parle sans plaisanter de « bâtiments intelligents ». Mes éclats de rire l'agacent et lui plaisent.

XXXI

Le registre de la conjuration de la fin du monde que sous-tend le discours écologique est religieux. Cette hantise pourrait ainsi donner lieu à un nouveau dieu. Un dieu justifie l'existence par une proposition qui la dépasse. La préservation de l'existence est une proposition qui dépasse l'existence.

Rien d'angélique dans la pérennité et la souveraineté du vivant. Il y a dans la condamnation du nucléaire une naïveté fallacieuse qui prône que le genre humain peut arrêter de parcourir en entier les voies de l'innovation en consommant les hormones de croissance les plus puissantes. En filigrane, le ressentiment vis-à-vis de ce que le vivant a d'absolument impérieux dans son expression.

Ne pas négliger la capacité du genre humain de « sauver » par inventivité ce qui doit l'être. Noé a construit son arche. En inversant totalement le point de vue « pessimiste » que l'on a sur elle, on pourrait voir que la Technique élabore l'arche du vivant pour un nouveau voyage. L'hypothèse selon laquelle la Technique est une sécrétion instinctive de l'espèce humaine qui vise à assurer à la vie sa continuité m'est apparue lors de l'écriture de *L'Autre Vie*. Comme le polype sécrète sa structure de corail, la vie sécrète sa prothèse vitale.

L'« Homo protheticus », l'homme-prothèse, est l'une des intuitions de Freud, en 1930, dans son texte oraculaire *Malaise dans la civilisation*. La façon dont la technophanie a révélé son essence depuis permet de préciser les contours du pronostic. Le vivant *sécrète* la prothèse, l'exosquelette, qui assure sa pérennité dans le nouvel écosystème inhérent à l'avènement de la Technosmose. De nouvelles griffes, une nouvelle peau, de nouveaux poumons poussent au genre humain. Un nouveau sang lui monte au cerveau. Son cerveau se déploie par la nouvelle pensée qui éclôt.

Dans la séquence d'ouverture de *2001, l'odyssée de l'espace*, Kubrick illustre avec génie l'idée d'une évolution technique analogue à l'évolution des hominidés. Au lieu du primate qui grandit et se dresse sur ses pattes arrière en devenant Homo faber, puis Homo sapiens, Kubrick *suit* dans les airs un os lancé par un australopithèque. En voyant ce premier outil devenir, d'une image à l'autre, cinq millions d'années plus tard le vaisseau spatial *Discovery One*, on assiste au résumé du devenir technique. Mais cette métaphore correspond à une acception classique de la technique en tant que processus de sophistication de l'outillage humain qui permet la maîtrise – l'arraisonnement – des lois et des matières de la Nature. La Technosmose correspond à une autre acception de la technique : un phénomène procédant d'une muta-tion du vivant. Non plus séparé de l'évolution du genre humain mais inhérent à son devenir. Alors on envisage le déploiement de l'outillage avec les yeux du zoologue qui constate la mise en service du pouce de la main par les premiers primates ou bien avec ceux du paléontologue qui étudie le passage à la station debout des premiers hominidés. Il s'agit à la fois d'un changement de paradigme de conscience et d'une métamorphose physique. Sécrétion et métabolisation. Le devenir corail du genre humain.

Je comprends ici que tous mes pressentiments du monde me viennent grâce à mon imaginaire. J'ai « vu » la Technosmose en écrivant les poèmes *Aux dimensions du monde*. Dans les trois romans d'anticipation qui suivirent, apparaît le personnage d'un architecte, Otto Maas, qui incarne l'esprit des temps et que m'a inspiré, entre autres, Foster justement. Le logo de ses bureaux est le signe =. Maas a commencé sa carrière en construisant des lotissements sécurisés – *gated community* – puis des centrales nucléaires. À la suite d'un attentat qui a jeté un avion de ligne sur l'une d'entre elles, il s'est spécialisé dans leur enfouissement. Pour des raisons climatiques, écologiques et politiques, l'enfouissement à une cinquantaine de mètres de profondeur de bâtiments publics ou de résidences privées a connu une vogue mondiale. Maas est devenu le chantre de ce mouvement qu'il a baptisé l'« involution ». Il est aussi l'architecte à qui les Nations unies ont demandé de concevoir le Monument à la Victime inconnue. Dans mon esprit, Maas est une espèce de chantre du Grand Ensemble global.

La vision (la Technosmose, le devenir corail du genre humain) a
lieu en imaginant. Les intuitions découlant de cette vision, les hypothèses qu'elles induisent (le Nombre, la logosynthèse, la biosophie,
le Grand Ensemble) sont le fruit de prises de notes comme celles
que je consigne dans ces carnets depuis les préparatifs de ce voyage.

XXXII

La peur de la disparition du genre humain s'accompagne de façon proportionnelle de la possibilité de le reproduire techniquement. Le premier facteur (la peur) redonne la valeur que le second (la reproduction technique) banalise. Le souci écologique s'attache à ce sur quoi le genre humain a prise en ce qui concerne son éventuelle extinction. C'est un souci-écran par rapport à ce qui le fait changer de station à un point qui, effectivement, lui fait perdre son acception traditionnelle pour le faire correspondre à une nouvelle. Le genre humain s'éteint au profit de ce qui naît peu à peu d'un utérus artificiel, d'un placenta artificiel, d'une ovulation de synthèse et d'un OGM général.

Les processus techniques enclenchés afin de préserver pour le genre humain un état de nature dans un contexte écologique modifié sont de nature justement à modifier son espèce. Anneau de Möbius.

Au moment de quitter la « responsable carbone » je me dis que l'adjectif « technophobe » qu'elle utilise pour disqualifier toute réflexion sceptique ou ironique sur l'équation en vigueur dans le monde (Technologie = Progrès = Bien), n'est employé que par des technophiles, des technomanes et des technolâtres. Il n'est que les agents d'un système pour stigmatiser, discréditer et qualifier de Cassandre ou de Triste-sire les critiques de celui-ci. Dans les deux cas, vu l'ampleur de l'emprise du système technique, il serait plus pertinent de les condamner en tant que « renégats ».

La vitesse de la lumière est l'un des horizons typiques de l'époque de la Technique où règnent performance et mesure. Mais, de la lumière il est possible qu'on tire autre chose qu'un « plus » quantitatif. L'idée de voyager dans le temps à travers l'espace a été délivrée de sa gangue d'inconnu par les découvertes d'Einstein. La pensée ira plus loin encore dans le savoir puisqu'elle va déjà plus vite que l'idée même de vitesse de la lumière, notre horizon spatio-temporel.

Tirer les conséquences paradoxales des pronostics climatiques : au pôle nord se dresseront un jour des forêts de derricks. Le réchauffement de la planète que provoque la consommation d'énergie, en faisant fondre banquise et pergélisol, rendra exploitables des territoires dont les ressources compenseront l'épuisement des zones aujourd'hui exploitées.

La « responsable carbone » m'envoie un sms au milieu de la nuit pour répondre à la question qui l'a laissée sans voix aujourd'hui. Elle ne sait toujours pas si elle dort sur le côté ou sur le dos mais elle sait que quand elle ne dort pas elle se met sur le ventre. Sa dernière phrase salive trois points de suspension. « *I'm lying on my hands…* »

XXXIII

Le monde technique a encore aujourd'hui le visage de l'économie globale. Mais il est déjà daté en réalité. Ainsi l'énergie comme objet de spéculation financière devrait devenir l'objet d'une spéculation métaphysique. Car l'énergie a une parenté avec les dieux. C'est la question de la puissance qu'elle pose quand la question de l'économie est encore celle du pouvoir. Il y a là un langage à déchiffrer. Traduire l'énergie dans le langage du genre humain (sophistication technique) et traduire la volonté du genre humain en énergie (stade magique, divin, du vivant à venir).

Aladin frotte la lampe pour produire un prodige supérieur à la lumière qu'elle dispense d'ordinaire. Le moment magique de la Technique se caractérise par une énergie supérieure à celle qui assura la mobilité et la maniabilité des choses : c'est celle de leur métamorphose. L'uranium peut opérer des transformations de la matière quand les hydrocarbures se limitaient à l'exploiter.

Les matières premières relèvent d'une dimension tellurique. L'hydrogène, les radiations du soleil sont des sources d'énergie encore en gestation. Quand le genre humain sera techniquement mûr pour en féconder son destin, des performances en rapport avec la puissance de cette énergie seront d'actualité. Elles pourraient ainsi, invisibles, concerner la maîtrise de l'invisible : l'espace-temps.

La source d'énergie n'est pas l'énergie, le pétrole n'est pas le mouvement, le magnésium pas l'intelligence. Il faut une conversion. Ce n'est pas que les hydrocarbures sont des trésors dans un coffre de roche. C'est l'énergie qui est le coffre d'un trésor de puissance.

La lampe merveilleuse est d'étain ou de cuivre. Peut-être même d'argile. On ne l'allume pas, on la frotte et le génie qui en sort assure la souveraineté sur toute la terre connue. Aladin veut dire « sublime de la foi, élévation ». Il possède un tapis volant.

XXXIV

Question 1 : Dans quelle mesure le laboratoire pharmaceutique est-il toxique ?

Question 2 : Dans quelle mesure la fabrication de nouveaux médicaments cause-t-elle de nouvelles maladies ?

Le lien entre l'économie et l'écologie. Par exemple, j'avais été frappé d'apprendre qu'au moment de la crise des *hedge funds* aux États-Unis en 2008 un virus de grippe inédit était apparu. On a compris qu'il provenait des moustiques vivant dans le chlore croupi des centaines de piscines des maisons laissées à l'abandon par les familles expropriées.

Dans l'artificialité de Masdar : une insignifiance de fond habillée d'une débauche signalétique.

Ronde des camions dans le métal en fracas. Roulis de la roche qui bascule et cède. La ville s'étire, se lève comme un robot préhistorique secouerait la planète que serait son crâne.

Sur les écrans digitaux de bornes informatives, les horaires d'ouverture et les itinéraires des salles de prière pour hommes et des salles de prière pour femmes.

Les moyens « verts » utilisés pour pallier une baisse des ressources ou de l'approvisionnement en pétrole entraînent un surcroît de pollution. Exemple : les énergies solaires et éoliennes emploient des métaux dont l'extraction exige une énorme consommation d'énergie fossile. Cercle vicieux. Ma « responsable carbone » en convient. Mais est-elle là pour sauver le monde ou donner bonne conscience à des clients ?

Je songe aux villes fantômes abandonnées par la ruée vers l'or, puis par celle de l'or noir. Masdar, futur chantier fantôme de la ruée vers l'or vert ?

L'Enquête d'Hérodote consistait à explorer un territoire et à remettre l'Histoire en mémoire. Désormais, sans plus d'Ailleurs il s'agit d'expérimenter la vérité du présent en envisageant l'avenir.

XXXV

En revenant à Abou Dabi, je repasse devant la monumentale mosquée. L'intention de rayonnement mondial est aussi flagrante qu'à la vue du projet de Masdar. Un peu moins cependant que celle dont fait preuve l'Arabie saoudite avec l'horloge qu'elle a fait construire en 2010 en surplomb de La Mecque, en haut d'une tour de six cents mètres. Avec son cadran six fois plus grand que celui de Big Ben et un éclairage qui porte à trente kilomètres à la ronde, le monde est sommé de se mettre à l'heure de l'islam et de le prendre pour phare. Prosélytisme qui emprunte les voies de la finance, du fanatisme, et du symbolique.

Ou bien les terroristes islamistes se rebellent contre leur pauvreté et le capitalisme occidental, ou bien, c'est la guerre sainte qui prime.

Qu'est-ce qu'une religion en bonne santé ? Une religion pour laquelle on tue, une religion pour laquelle on meurt.

En un sens, la Renaissance, les « Lumières » de la raison, les Arabes ont connu cela avant l'hégire ou indépendamment. Au contraire de l'Occident, la raison n'a pas servi à purger la société de la religion. C'est l'inverse qui s'est passé. Cela dit sans compter le substrat techno-économique qui a « pris » d'Ouest en Est et du Nord au Sud.

Au musée d'archéologie d'Abou Dabi. Les objets exposés sous forme d'œuvres d'art sont amputés de leur sens d'origine. Leur relation primordiale avec les divinités est occultée, déniée par l'argument « artistique ». Alors il ne nous est pas permis de mesurer le saut que notre monde a opéré par rapport à celui qui a produit pareils objets et donc l'éventuel nouveau bond que l'on peut toujours opérer.

Toutes les femmes qui ne portent pas de niqab baissent les yeux quand je les regarde. Les autres, pas toujours…

À la télévision, la promotion du rôle des femmes dans la société est mise en valeur. Seulement, c'est toujours sous l'angle de la gratification professionnelle. Mise au travail. Ici aussi la réquisition économique tient le discours de l'émancipation et revêt les dehors de la consommation et de la production.

Moi qui ne goûtais guère l'alibi commercial de « la mode » et son hystérisation dans la vie quotidienne, mon point de vue se modifie ici. L'apparence de variété vaut toujours mieux que l'obligation d'uniformité. Au moins subsiste-t-il la possibilité du jeu. D'un coup, hâte de jeter un œil aux derniers prodiges des *fashion weeks*. La mode vestimentaire comme une floraison quatre fois par an.

Les indices de la féminité (stilettos sous le hijab, vernis, henné, maquillage du visage) sont aussi fugitifs que prononcés. Jusqu'au capiteux presque obscène des parfums.

Je suis entré dans une boutique de hijabs. Envie d'en offrir une à Beauté. Mais moi j'inverserai la règle : je lui demanderai de ne le mettre qu'en privé, juste pour moi.

Le vieux mendiant. Son cou a la torsion millénaire d'un pied d'olivier.

Les femmes ont un profil de biche. Pardon pour le cliché. Si je parlais comme il n'est plus pensable de le faire, je rapprocherais, sur le plan du règne animal, la caractéristique féminine des yeux effilés sur les tempes de celles des proies. En opposition aux yeux rapprochés des prédateurs, masculins. J'ajouterais à ma charge que le désert donne en effet des envies d'enlèvement, car les légendes des sables regorgent d'histoires de femmes enlevées.

L'envie de Beauté s'est engouffrée en moi comme un destin affamé. Le désir me fracture le sang. Je le délivre, à genoux sous la douche, en fantasmant la licorne acharnée sur mon corps. Son souffle se hisse le long du mien. Énorme gifle de plaisir qui la retourne de l'intérieur. Sa foudre, mon foutre.

La pensée de l'horizon

XXXVI

Aucune envie de résister plus longtemps à l'appel du désert. Petit raid de quelques jours jusqu'au sud de Liwa. Aux portes invisibles du Quart Vide, le chauffeur a dégonflé un peu les roues du 4 x 4 qui s'est transformé en un canot à moteur ballotté par les vagues blondes, crémeuses, lapées par le vent. Je voyage avec une mère et sa fille de huit ans, qui découvre son pays d'origine pour la première fois – elles vivent à Londres. Le ciel nous attend en haut de chaque dune. On monte à pic pour aller décrocher le vertige qui nous ouvre un ravin sous le cœur.

Dune bashing. Le moteur blatère. Le ciel fait de grands gestes sur le pare-brise fumé. Je me croise dans le rétroviseur. La petite fille tire en l'air de grands cris de joie. Sa mère tente de garder contenance, agrippée aux poignées et à mon appui-tête. Ses yeux durs de raisin noir.

Une terre en dimanche. Sans chemins serrés de haies, sans auto-routes coulées dans l'asphalte. Une terre neuve à un point de danger fou. Je me sens sain et sauf qu'elle me prenne pour présence. Le soleil est grand ouvert.

Les choses se précisent en moi. J'avais rendez-vous avec le désert. C'est un lieu où l'on peut mûrir son combat. Isaïe l'a compris à un moment-lisière analogue à celui de la Technosmose. La liberté ne réside pas dans le vide, mais dans ce qui peut être ordonné sans jamais être réduit à l'organisation qui lui est donnée.

Dans le désert fleurit l'oasis où la sécheresse se meurt.

Tombés en poussière, les pouvoirs temporels de notre époque. Dans tout système, l'innocence est coupable.

Le désert nous parle de notre fin. De la vitrification post-atomique. Mais c'est aussi l'avant-monde. L'aube y est plus à son aise que le soir. Je songe au Grand Canyon. Deux paysages différents, à regarder tous les deux comme des reliefs sous-marins ante-humains.

Houle blonde infinie. Nous restons sous la tente qui protège de la lumière. Flash continu dans sa réverbération. Aveuglant comme la mort, comme la vérité, a-t-on écrit « grand siècle ». La vérité se laisse approcher de biais. L'art est le versant accessible de la vérité. La science est l'autre. La philosophie est une catégorie de l'art, lui-même catégorie du sacré.

La distance transcendée par l'immobilité pure : extase de la présence. La solitude transcendée par le silence pur : extase de la disparition.

XXXVII

L'espace a deux conjurations : la grande vitesse et l'immobilité.
Mais quelle immobilité absolue ? Course du soleil, cercle des ombres :
voilà le désert qui pivote sur son jour.

Au sens strict, le mirage n'est pas une hallucination : c'est la défor-
mation d'un objet par différentes couches de chaleur. Impression
d'étendues d'eau. Un mirage est élaboré par l'excès de ce qui lui est
contraire.

Masdar : dans le désert de la pollution mirage d'aseptisation.

La lunette astronomique, le télescope à balayage laser, la sonde
spatiale : la technologie optique confère des pouvoirs magiques au
regard du genre humain. Mais la vue n'est pas la vision, et l'esprit va
plus loin encore, au-delà de l'horizon matériel, il peut apercevoir le
temps qu'inaugure la fin de celui du genre humain. Lunettes ther-
miques, pensée synoptique, vision biosophique.

Hölderlin a eu une pensée de la Grèce. Nietzsche, une pensée du Sud. Il nous faudrait aujourd'hui une pensée de l'horizon. Elle en procéderait en prenant la mesure de ce qui établit désormais la vie sans lendemain du Fonctionnement, mais aussi – c'est la même chose – de ce qui convertit, invisiblement pour nous, cette organisation en organisme.

Le soleil prend feu. L'aube fait la roue à l'horizon.

XXVIII

Masdar, comme toute protopole, représente la métaphore en trois dimensions d'un processus de conurbanisation globale. L'esprit du projet, son utopie, promulgue l'ADN de la ville. Les contraintes de budgets, les opinions publiques, les options partisanes, les règlements des commissaires urbains constituent les enzymes qui participent à l'*urbanogenèse* du Grand Ensemble.

Les mégapoles, les protopoles font figure de commutateurs. Elles sont le cadre de synthétisation. Dans le cerveau, les neurones synthétisent et libèrent la dopamine, dans la substance noire et dans l'aire tegmentale ventrale.

La sexualité de synthèse est la procréation artificielle.
La cité de synthèse est la protopole.
Le monde de synthèse est le Grand Ensemble.

En histoire comme en amour, il faut avoir beaucoup d'expérience pour voir l'événement dans les faits. Cette expérience qui différencie le soldat qui n'a fait que s'entraîner et celui qui a connu l'épreuve du feu.

En amour : savoir ce dont retournent la jalousie, la trahison, l'abandon.

En histoire : méditer les périodes profondes du vivant.

Dans la nuit le ciel a un bleu de lame. Le silence déferle. Je songe à Beauté. Les étoiles sont aussi nettes, aussi nécessaires que les mots qui nous viendraient maintenant.

XXXIX

L'œil rafraîchit son regard dans les choses de la nature intacte.

La petite fille me sourit. Elle fait jour. Zohra. Les prénoms ont forme humaine.

Une chaleur morte de feu de brousse nous cloue le souffle au fond du sang. Impossible d'imaginer qu'on aura froid cette nuit, entre le ciel pailleté et le désert noir loup. Et pourtant.

Le vent dans le sable sculpte des cornes d'or. Je voudrais un verre d'eau avec une vague dedans.

La solitude s'apprend comme une langue natale oubliée par cœur. Langue du vent qu'aiguise la pierre de l'atmosphère. Langue de la fleur que le regard entend. Langue du poème. Attention pourtant, c'est une langue étrangère à la voix. Elle peut rendre muet. Il lui faut de l'amour pour la mettre au monde.

XL

Le désert donne lieu aux tentations du Christ. À son combat singulier avec le Malin. Pendant quarante jours et quarante nuits, le diable lui rend visite et le défie de prouver ses pouvoirs et de renier Dieu pour en devenir un lui-même. Dans les deux cas il provoque la vanité du Christ qui fait montre, en résistant, de la seule chose qui peut surmonter la vanité : l'orgueil.

Jean Chrysostome insiste sur le fait que c'est l'« esseulé » que le diable assaille.

L'aventure des stylites au désert me fascinait adolescent. Pourtant, l'idée de mortification m'est totalement étrangère. Contresens doloriste par rapport à la parole des évangiles et à sa jubilation intime.

Zarathoustra chante à deux reprises : « Le désert croît. Malheur à qui porte un désert en lui. » Cette phrase m'a marqué bien avant que je sache que Heidegger la pense dans *Qu'est-ce que la philosophie ?* On la retrouve aussi dans *Dithyrambes à Dionysos*.

Pour Nietzsche, l'oasis est pareille au ventre de la baleine pour Jonas. Refuge au plus profond de la mer. L'eau se ressource.

On a envie de renchérir sur Zarathoustra : Chance pour qui porte une oasis en lui.

Je me souviens que la ville est le premier lieu où Zarathoustra se rend quand il quitte sa montagne. En un sens, il sort juste de la caverne de Platon.

« Le désert croît » est un mot-chemin. Il éclaire le trajet parcouru et fraie celui qui vient. Je retrouve dans le carnet de mon iPhone le préliminaire de Zarathoustra : « La terre est alors devenue plus petite, et sur elle saute le dernier homme qui rapetisse tout. Son espèce est indestructible comme la puce ; le dernier homme vit plus longtemps. » Il faut voir en ce dernier homme un grain de sable dans le désert. Pareil à ses semblables.

Le serpent et l'oiseau sont les deux animaux totems de Zarathoustra. Entre l'un et l'autre, une relation qui n'est pas que le fruit de l'évolution. Un antagonisme absolu signe leur parenté. Tellurisme, éolisme. Altitude et profondeur. Démonisme et angélisme. Mutisme et chant mais aussi mouvement des ailes et danse du corps. Fragilité et résistance. Naïveté et ruse. Cela dit, il arrive à des oiseaux de manger des serpents, non l'inverse. C'est que les oiseaux sont apparus sur terre après les reptiles.

Qui apparaîtra après l'homme ? Ce qui le fait s'effacer. Cela dit, les oiseaux tendent à disparaître quand on constate une recrudescence des reptiles. Âge des radiations auxquelles ils sont résistants. Symbole de la connaissance, de ses dangers, du défi prométhéen.

La générosité de la nature ne s'adresse pas au genre humain. D'où une ombre au tableau le plus lumineux. Mais le genre humain est l'une des pièces rares dans cette profusion. D'où l'éclat de cristal dans le tuf de charbon.

S'il est une expérience emblématique du vivant, c'est celle des métamorphoses. Qu'elles soient mythiques ou biologiques. Elle est son principe essentiel.

La flamme, drapeau du corps
Le lion, flamme des animaux
Beauté, feu de la flamme.

Je scrute le désert. La houle figée de ses lames brûlantes. La nuit, le froid fait son diamantaire. Il taille les étoiles sur le ciel écorché.

XLI

Nous faisons escale à l'oasis de Liwa. Un carré d'orangers me fait songer que tout verger parle de paradis. Et je m'avance en envisageant la Technique comme un verger. Profusion et génération idéale d'une vie puissante.

Je contemple la danseuse du ventre de ce spectacle pour touristes sans touriste. Ses mains écarquillées la font danser plus violente. Double plaisir :

Assister à un spectacle de séduction qui a autant à voir avec le défi qu'avec l'offrande, une sorte de flamenco.

Être en un lieu où les rondeurs ne sont pas le contraire de la beauté.

La petite m'a pris la main en cachette de sa mère sous la tente. Secret doux de la séductrice en herbe qui m'adopte. Je respirais son odeur, douce comme l'haleine d'un jardin. Elle me parlait de ses copines de Londres. Les mots fleurissent aux enfants. Les étoiles tremblent comme leurs regards.

Balzac dans *Une passion dans le désert* : « Ce pays, c'est un Dieu sans les hommes. »

Le vent règne dans son libre mystère. Au bout de la patience, il y a l'horizon.

Je vois le jour avec les yeux du matin, l'aujourd'hui avec les yeux de toujours, la terre avec ceux de l'horizon.

Je prends un bain. La mosaïque des murs suinte comme le ventre d'une belle à bout d'émotion.

J'accède au domaine où le souffle est coupé par la joie que m'inspirent les mots qui vont la vie dans l'âme. Le jour souffle son soleil dans la voilure du ciel.

Au cœur du désert
Mieux que partout ailleurs
Savoir l'océan
Accoudé à son balcon d'écume
Et le sentir jouer au ciel et aux nuages.

Cette étoile filante au trajet rectiligne dessine en fait un cercle dans le vide inconcevable. Changement de point de vue.

J'avais remarqué que les rêves, sur mer, sont instables mais libres. Ici, ils sont fixes mais intimes. C'est souvent une parole. Ou un visage qui parle de près.

Je songe à Paris. Les belles épaules de la Seine. Les deux ventricules du cœur blond de son temps : île Saint-Louis et île de la Cité. Le corps et l'esprit, là, se lient d'amitié à la gloire de la vie. Léon-Paul Fargue, une fois de plus : « Le parfum de Paris, extraordinairement tonique, faisait reculer ces monstres *attelés depuis* : l'inquiétude, le désespoir, l'ennui » (je souligne ce fantastique « attelés depuis »).

Le vent souffle. Grand orchestre de l'espace. L'univers en vie. Le vent est musculeux. Il empoigne, entraîne, attire, hisse et plonge. La profondeur est son expérience aveugle. Vertige mouvementé.

XLII

La mère et sa petite fille sont restées à Liwa. La première m'a laissé un baiser qui avait soif au coin de la bouche et Zohra un regard qui avait mal en travers de la gorge. On est aussi l'orphelin de l'enfant que l'on n'a pas eu. Le chauffeur et moi continuons vers le sud. Mais ça ne veut plus rien dire ici. « Au plus loin » est plus juste. Désert : pôle intérieur.

Jamais tari, jamais épuisé, jamais détruit, jamais enfermé, le désert.

Je me réveille avant l'aurore. Je reviens à mon corps encore baigné de nuit. Un désir fauve me hisse au niveau de l'action. Tour d'horizon rapide. Mon esprit passe les bras. Il danse donc je suis. J'écris, je poursuis mes investigations. Il est mille heures à la montre de la mue du monde. Il avance vers son début. Futur à futur. Des flots d'acide physiologique innervent la main de son âme. Il va saisir le bozon des gènes humains. Matrice de synthèse. Être est temps.

La structure matérielle et numérique qu'élabore la symbiose tech-
nobiologique est une sorte d'ostéogenèse à l'échelle planétaire. Mais
l'ostéogenèse d'un exosquelette urbain et informatique. Dopamine
et adrénaline participent à l'ostéogenèse des exosquelettes d'insectes.
Le carbonate de calcium à celui des coraux qui correspond mieux au
genre humain en voie d'unification. Les énergies atomique, électrique,
pétrochimique sont un équivalent de ces hormones de croissance.

La mutation d'une espèce s'opère lors d'une phase courte en
regard de celles qui sont vectrices de son évolution. Il s'agit alors d'un
phénomène de convergence et non de l'activation ex nihilo d'un prototype. Des phases d'innovations se succèdent, d'autres coexistent et
puis s'interrompent. Les changements surviennent quand quelques
individus s'adaptent aux conditions d'un milieu différent et enclenchent
une lignée adéquate.

Dans la disparité génétique, dans la mosaïque des signalétiques,
dans l'asexuation des atomes, dans la modification génétique, dans
la surfusion des électrons, il y a des indices d'un système nucléarisé
en voie de cellularisation.

Un vivant unifié et homogène est *à la fois* un fruit et un germe. Le
ver cherche le lieu propice où tisser son cocon. Dans quelle mesure
le papillon *exige*-t-il qu'il le fasse ?

De quel organisme la Technosmose est-elle l'état embryonnaire ?
De quel protozoaire peut-on rapprocher la protopole ?

À la fin de sa vie Lévi-Strauss a écrit que le monde a commencé sans l'Homme et qu'il continuera sans lui. On en est tenté de préciser : La vie a commencé sans le « monde » et elle continuera sans lui.

Petit jour deviendra grand.

XLIII

Le paysage décapité de son soleil fait encore quelques pas avant de s'écrouler à genoux aux pieds de la nuit reine. Un peu penché en avant pour rejoindre ma tente, je pense à mon squelette, au troupeau de mes os qui suivent comme un seul homme la sphère de mon crâne. Le sable gobe mes pas jusqu'aux genoux. Je m'éloigne chaque soir un peu plus du 4 x 4. Je passe entre mon ombre et moi, vivre ma nudité d'île, de caillou, de ruisseau.

L'imaginaire va loin dans ce que le désert habite, dans ce qui habite le désert plutôt. L'âme vibrée de l'espace.

L'imaginaire rajeunit le réel. Avec la lumière quotidienne du premier jour de tout. J'entends mon souffle en présence de l'univers neuf à jamais.

Il n'y a rien à rencontrer au plus loin de tout. Sinon le Même, et le début de ce qui *nous* succède.

Au cœur de la nuit, *chez* la lumière.

La perspective au moment de la Renaissance est spatiale.
La perspective au moment de la Technosmose est temporelle. Passé, présent, futur changent de plan. Ils coïncident, car la mort est abolie. Picasso prophète est à regarder de ce point de vue panoptico-temporel.

En quittant l'échelle humaine dans notre appréhension de l'univers, on a aussi perdu la valeur de « grandeur ». Encore faut-il se hisser à la hauteur que la situation exige. Une hauteur divine.
Le genre humain est en situation de créer artificiellement le vivant. Stade divin. Inhérente à cette puissance, celle de se détruire. Au sens propre ou au sens figuré en modifiant son espèce.

Le genre humain a donné la science à son corps.

L'épiphanie de la Technosmose est une technophanie. Elle est surtout une biophanie, tant c'est le vivant qui se révèle sous un nouveau jour à travers elle.

Tout « droit » vient signifier une liberté relativisée. Le droit de mourir devient une question de plus en plus cruciale à mesure que la Technique grignote sur la mort en modifiant le domaine du vivant.

Mais les cancers, les malformations, les maladies dégénératives ou auto-immunes pourraient être considérés avec un profit sans nom comme les prémices d'une nouvelle santé, d'une nouvelle physiologie, en rapport avec un nouvel écosystème.

Les mutations génétiques sont pathogènes ou bénéfiques. Exemple : la mutation du gène de l'hémoglobine peut causer, selon sa nature, une anémie mortelle ou bien une résistance complète au virus du paludisme.

Mue du monde = réglages.

Thérapies géniques, recherche sur les cellules souches sont contemporaines de maladies génétiques et de troubles de la sénescence.

Il n'est plus de *terra incognita* géographique. Il en est de physiques et de biologiques. L'espace et la matière, l'univers et le cerveau. Le genre humain inaugure d'autres rapports au temps. Des énergies seront libérées et des lignées animales débuteront. Le genre humain pourrait se trouver à la croisée de ces sources, à leur source même puisqu'il domine peu à peu le monde naturel par ses sécrétions techniques. Là où l'artificiel est de l'ordre de la nature s'inverse le rapport, la nature relève de l'artificiel. Esquisses d'une biosophie.

XLIV

Le soleil est à huit minutes-lumière de moi. Andromède à un million d'années-lumière. Mais la lumière est à un baiser de Beauté de moi.

Quelque chose de quintessentiel, de distillé, axe le jour. La lumière gagne le désert à la vitesse d'une avalanche au ralenti. Je la sens me gagner aussi jusqu'au bout de ma main qui la brandit jusqu'au bout des mots. Maintenant.

Les séismes dus aux siphonnages pétroliers des sous-sols induisent des bouleversements tectoniques, des séquelles sismiques et des changements climatiques.

Le pétrole résulte de la dégradation de matières organiques en l'absence d'oxygène. Toute matière vivante peut être source d'énergie. Cette donnée peut susciter des tentations que le nazisme et des pressentiments de science-fiction (*Soleil vert*) ont fait entrevoir.

De conversions en conversions … Énergies mécanique, électrique, atomique. La phase magique de la Technique pourrait être celle de l'énergie comme langage. Il pourrait être celui d'un nouveau rapport au religieux proche des cultes du soleil ancestraux. Certains spectacles, certains concerts, certains rassemblements de masse préfigurent ce type de cérémonial voué à l'énergie.

D'une dimension l'autre
C'est la même enjambée
Du mot « demain » dans le présent.
Du caillou, de la plante
C'est le même jaillissement de jet d'eau
Qui ne retombe pas.

Douceur de sein du sable. Couleur de poitrail de lionceau du désert. Le galbe de son corps couché à l'infini.

Le désert est   le passé et le futur sous-marins de la terre

                 le passé et le futur atemporels de l'histoire

                 le passé et le futur inhumains du monde.

Il fait si vide. Je surgis en permanence du fond de mon passé. Il est l'heure du temps. C'est l'ici de l'Ailleurs. Ce voyage m'effile à en trancher d'un sourire la lame d'ennui du monde. Cette enquête me mène au-delà de l'au-delà. Penser l'horizon comme on sème son ombre.

Le moment du retour. Quitter ces parages à la bouche noire d'être sèche, aux paupières crissées. J'ai atteint le cœur foncé d'un espace pas moins pur et pas plus respirable qu'un toit du monde. Je me parle à voix basse maintenant. Et j'écris ce que je me dis : je jette des bouteilles à la mer pour les premiers rivages de la pangée future. L'écrit primal.

Un éclair contre l'étain du soir : racine de lumière. Mais il ne pleuvra pas. Si un déluge est encore possible ici, c'est désormais celui des radiations.

Seul comme le feu est nu. Point de non-retour. Rentrer. Tenter de me rapprocher des *autres*. Habiter la bonne distance : assez près pour avoir chaud au cœur, assez loin pour garder son sang-froid. Et puis d'abord il y a Beauté à retrouver. Le pas de loup de ses silences, le diamant liquide de son rire, la douceur de ses mots pensifs. Nous nous espérons depuis mon départ.

Dernière rencontre avant de quitter le désert. Je marche droit dans le sable. Je joue encore avec l'idée de perdre le 4 x 4. J'approche d'une forme qui apparaît sur le flanc d'une dune. J'approche encore. Stupéfaction : un arbre, absolument esseulé. J'approche toujours. Les ombres des feuilles miment un feu noir sur le sable. Je m'arrête et soudain des oiseaux que je n'avais pas vus, des oiseaux inimaginables au milieu du désert, des oiseaux gris-rose comme des tourterelles, comme des mains douces, s'ouvrent et claquent dans les airs. C'est tout l'arbre qui éclot de leur envol massif. Je reste là, recueilli. Je n'en reviens pas, je peux revenir.

Table des matières

Grand Ensemble 11

Le mirage qui vient 51

La pensée de l'horizon 137